10|18
12, avenue d'Italie — Paris XIIIe

MON GRAIN DE SABLE

PAR

LUCIANO BOLIS

Traduit de l'italien
par Monique BACCELLI

10 18

« Domaine étranger »
dirigé par Jean-Claude Zylberstein

LA FOSSE AUX OURS

Si vous désirez être régulièrement tenu au courant
de nos publications, écrivez-nous :

Éditions 10/18
c/o 10 Mailing (titre n° 3152)
35, rue du Sergent Bauchat
75012 Paris

Titre original :
Il mio granello di sabbia

ISBN 2-264-03058-5

PRÉSENTATION

Le 20 août 1780, grâce à l'action des Philosophes et plus particulièrement de Voltaire, une déclaration royale abolit la « question » en France. Cette réforme, déjà effective en Russie, s'étendra progressivement aux autres pays d'Europe. Cela pour la légalité. Dans les faits, et clandestinement, deux siècles plus tard la torture est toujours pratiquée, avec des procédés de plus en plus « scientifiques », sur tous les continents. Le mécanisme et les conséquences de ce comportement inhumain, qu'on dirait indéracinable, ont rarement été étudiés avec autant d'impartialité et de lucidité que par Luciano Bolis. Certains aspects de son témoignage prennent une valeur tellement générale qu'ils se situent hors du temps et de l'espace, d'autres ont au contraire besoin d'être éclairés par quelques précisions historiques et biographiques.

En février 1945, Luciano Bolis, partisan aux lourdes responsabilités, est arrêté à Gênes par les Brigades Noires. Après des années de pouvoir, le régime fasciste, consolidé par la puissance allemande, sait que la fin approche. « Les Anglais viendront peut-être, mais moi j'aurai toujours le temps de te liquider juste avant », dit Spiotta, le tortionnaire, à son prisonnier. C'est donc le moment où les violences fascistes s'exaspèrent, soit pour obtenir des partisans capturés des renseignements permettant de démanteler des réseaux de résistance de plus en plus actifs, soit pour exercer des vengeances quand il en est encore temps. (C'est donc à double titre que Bolis est victime de traitements particulièrement atroces.) Psychologiquement la « force d'âme » devant la torture ne s'inscrit dans aucun cadre logique : l'homme intrépide dans les combats peut brusquement céder, alors que le faible, bénéficiant d'une sorte de grâce, résistera jusqu'à la mort. Dans le cas de Bolis, l'exceptionnelle résistance physique et morale dont il fait preuve semble pourtant s'expliquer par la qualité même du personnage. Né à Milan dans un milieu bourgeois, Luciano prend courageusement position contre les convictions fascistes de ses parents, entraînant avec lui ses deux frères dans les rangs de la Résistance. Jusqu'alors, il mène de front des études de lettres et de philosophie, qui favorisent sans aucun doute la « dialectique » qui lui sera si nécessaire au cours des interrogatoires et la rigueur analytique qui lui permettra de faire logiquement le point avant toute décision. Si l'on ajoute à ces qualités intellectuelles des dons artistiques, qui le portent très jeune à la direction des chœurs du Duomo de Milan, et des forces physiques entretenues par la pratique intensive du sport, on se trouve devant un individu aux aptitudes multiples, et de ce fait parfaitement équilibré. Son engagement dans la Résistance est sous-tendu par un idéal démocratique et patriotique que lui-même qualifie de « mazzinien » : un siècle après le Risorgimento, l'Italie doit être à nouveau délivrée de ses occupants, et d'un régime inacceptable. Mais s'il évoque Byron et Foscolo, il ne se situe pourtant pas tout à fait dans la même lignée que ses illustres prédécesseurs car sa résistance individuelle face à la torture dépasse l'engagement politique et patriotique pour s'inscrire dans une défense, encore plus large, de la dignité humaine et du respect de « l'autre ». L'idée de communauté, qui se concrétisera, après sa libération, par son action en faveur d'un socialisme moderne et libéral, et du fédéralisme européen, tient déjà tout entière dans le titre de sa chronique : un seul grain de sable n'est rien, il ne vaut que dans un ensemble.

C'est cette même idée d'indissoluble cohésion entre les êtres humains qui lui imposera, avec la force d'un impératif catégorique, la décision de sacrifier sa propre vie pour épargner celle de ses compagnons de combat. Une décision pourtant longuement débattue, sans l'apport d'un point de vue extérieur, dans la solitude de la prison. On lui sait gré de ne rien dissimuler de ses moments de faiblesse et des tentations auxquelles il est temporairement soumis : les arguments pour ou contre le suicide commencent par s'équilibrer, puis l'instinct de conservation lutte avec les impératifs moraux, et ces graves questions, exigeant des choix rapides et décisifs, se posent à un jeune homme de vingt-six ans, « tabassé » à mort et privé de nourriture : « Pendant que ma volonté se surpassait dans une suite d'efforts désormais suprêmes, pendant que mon acharnement s'aiguisait dans cette lutte surhumaine entre la vie et la mort, entre moi qui vivais et moi qui ne voulais pas vivre, entre le moi physique qui voulait se sauver et le moi spirituel qui pour se sauver devait se perdre, dans une alternance spasmodique de tensions et de distensions, d'évanouissements et de réveils, de fièvre et de terreur, voilà que la porte grince, un faisceau de lumière frappe le mur auquel j'avais été attaché la veille et aussitôt une voix résonne : "Le prisonnier s'est évadé !" »

Ce passage, parmi bien d'autres, explique l'intérêt que Pavese et Natalia Ginzburg portèrent à ce livre au moment de sa publication. Ecrit *di getto*, d'un seul jet, en une semaine, il échappe à toute recherche stylistique, mais tire toute sa puissance de sa sobriété et de son accent de vérité. La seule réponse à donner au lecteur ébranlé par le caractère extraordinaire de certains épisodes tient en une courte phrase, prononcée tout récemment par l'écrivain Marcello Venturi, lui-même résistant à Gênes : « Tout ce qu'écrit Bolis est vrai. » Véridique aussi le happy end inattendu qui vient clôturer cette tragédie. Ajoutons pour la petite histoire qu'Ines, l'infirmière au grand cœur, est devenue l'épouse de Luciano Bolis et que l'idylle ébauchée à l'hôpital ne s'achèvera qu'avec la mort de l'ancien prisonnier blessé, en 1993.

Ce livre a pris avec le temps une valeur historique, mais il fonctionne aussi comme un signal d'alarme : la victoire que les Philosophes croyaient avoir obtenue au XVIIIe siècle doit devenir effective, la torture doit disparaître de la surface du globe. « Bien que je ne me sois jamais fait d'illusions sur la vie, et que les précédentes expériences se soient déjà révélées très dures, écrit Bolis, je n'arrivais pas à croire que la férocité humaine puisse aller jusque-là. »

Spiotta, le tortionnaire fasciste, découvrant dans sa cellule le corps « auto-martyrisé » de sa victime, aurait-il jamais imaginé, lui aussi, que la grandeur de l'homme puisse aller jusque-là ?

Monique BACCELLI

Cette chronique d'une aventure qui m'est arrivée à Gênes dans les derniers temps de la domination nazie-fasciste n'a pas de prétention littéraire, ni d'intentions apologétiques ou polémiques. Elle n'est donc pas une défense du suicide, ni un acte d'accusation contre l'ennemi et encore moins la valorisation de mon propre comportement, mais un simple exposé des faits et un éclaircissement des circonstances, alternant avec le rappel d'états d'âme et de pensées qui m'a semblé indispensable à la compréhension d'un épisode peut-être intéressant en soi, l'expérience d'un suicide manqué n'étant pas des plus courantes.

La seule valeur de cette histoire est donc l'authenticité absolue de ce qu'elle rapporte, une authenticité que j'ai respectée justement à cause de l'urgence de vérité qui m'a incité à exprimer par des mots une expérience qui pouvait sembler impossible à raconter, à moi qui ne suis pas écrivain de métier. C'est ce même besoin de vérité qui m'a conduit à l'usage de la première personne, fastidieuse pour des raisons évidentes, mais que j'ai fini par accepter pour éviter d'inutiles artifices et m'exprimer avec davantage de naturel.

Le but de ce travail est avant tout de fixer sur le papier des faits que le temps pourrait disputer à la mémoire, et d'occuper d'une façon comme une autre une convalescence forcément longue et solitaire : je ne pense donc pas que cette chronique puisse intéresser qui que ce soit en dehors du cercle des personnes – du reste jadis nombreuses – qui y sont directement impliquées, soit pour avoir participé aux événements, soit pour s'être trouvées dans les milieux qu'elle évoque.

D'autre part, je suis tout à fait convaincu que mon sacrifice n'est que le grain de sable d'un désert, et que mon aventure ne représente rien d'autre que les souffrances d'un homme parmi le sacrifice et les souffrances d'une multitude d'hommes qui, comme lui et plus que lui, ont lutté et payé, et dont les meilleurs ne sont plus en état aujourd'hui d'écrire la moindre histoire.

Personnellement, je crois que les survivants ont le devoir d'écrire l'histoire de leur propre « grain de sable » pour que même ceux qui, en raison de circonstances particulières ou de sensibilités différentes, n'ont pas fait partie de ce que j'ai appelé plus haut « multitude », sachent quelle somme de valeurs, sous forme de sang, de terreurs et d'attentes, a coûtée notre Libération, et ce qui se trouve derrière le nom de « partisan », aujourd'hui encore mal compris, méprisé ou rejeté avec une vaine suffisance.

I

Ce jour-là, je ne pouvais disposer de ma secrétaire pour qu'elle aille, comme d'habitude, retirer l'éventuel courrier à l'adresse clandestine du 29 via Granello, siège de la Maison Peruzzi. Je m'y rendis donc personnellement mais je remarquai avec stupeur un groupe de personnes devant le rideau baissé. Parmi celles-ci une ouvrière de l'entreprise, qui me connaissait de vue, me fit signe de m'éloigner. Je compris tout de suite que Peruzzi avait été arrêté.

J'entrai dans un café pour être sûr de ne pas être suivi et enfin, renonçant pour le moment à me rendre à mon bureau où il pouvait aussi être arrivé quelque chose, je m'engouffrai dans un cinéma pour me détendre un peu les nerfs et réfléchir à ce qu'il fallait faire, car à cette époque on n'était pas mieux au café que dans la rue, à cause des rafles.

Le soir, j'évitai de rentrer chez moi. J'habitais en effet chez une personne qui m'avait été présentée par Peruzzi lui-même, à laquelle je fis cependant savoir qu'elle devait rester sur ses gardes, et me donner si possible quelques éclaircissements sur ce qui venait de se passer. Pour dormir je pensai d'abord à un hôtel louche où j'avais parfois trouvé à me loger dans des circonstances analogues (gros avantage : on n'était pas obligé de présenter ses papiers comme dans les autres hôtels), mais je dus écarter cette solution parce que c'était précisément Peruzzi qui m'y avait conduit la première fois. Par bonheur, je réussis à trouver à me caser dans la salle de bains d'une maison sinistrée, chez des amis.

Pour le lendemain, samedi 3 février, j'avais convoqué le comité de l'Union[1] dans le local d'un immeuble à moitié détruit, dont nous allions nous servir pour la première fois (par principe nous ne nous réunissions jamais plus d'une ou deux fois dans le même local), et pour cette réunion il me fallait des papiers qui se trouvaient au siège clandestin du Parti, 1 via Brigata Liguria (où j'étais censé être gérant d'immeubles, vis-à-vis de la loi et des tiers). Je prends donc mon courage à deux mains, j'y vais avec toutes les précautions voulues, je constate qu'il n'y a pas eu de « descente », j'emporte ce qu'il me faut et je laisse tout comme si je ne devais plus revenir pendant un bout de temps. On ne sait jamais...

A l'heure fixée, devant l'immeuble où devait avoir lieu la réunion, deux amis m'attendaient déjà. Je les précède, j'ouvre l'appartement prévu et je retourne en bas pour attendre les autres, en évitant, dans la mesure du possible, d'être remarqué par le gardien (qui m'avait déjà vu monter avec les deux premiers gars).

La réunion se déroule normalement. A la fin j'informe mes camarades de ce qui s'est passé la veille, et du fait que je suis désormais « grillé » à Gênes. Comme il fallait que quelqu'un se rende au plus vite au commandement général de Milan (il s'agissait, entre autres urgences, de retirer les quinze millions mensuels destinés aux partisans liguriens), on me

1. Union ligurienne du Parti d'Action. (Toutes les notes sont du traducteur.)

demande de remplir cette mission. Avant tout, j'en profiterais pour devancer le départ du courrier, que nous attendions précisément ces jours-ci, et qui, en arrivant la bouche en cœur au magasin de Peruzzi, pouvait nous causer de sérieux ennuis.

Au cours de la journée suivante, je retourne au bureau pour prendre d'autres papiers, je liquide les affaires en cours les plus urgentes, je dis au revoir à quelques amis et, le soir, je me dirige vers la gare pour prendre le seul train de la journée, avec douze heures de voyage en perspective. Et là, j'apprends que la ligne est coupée à cause d'un bombardement « anglo-assassin ». Il ne me reste plus qu'à passer la nuit à la gare, le visage dissimulé et le cœur glacé par la peur des rondes.

Le lendemain je me rends dans un autre « refuge » où d'ordinaire je pouvais travailler assez tranquillement (la bibliothèque de l'université), et j'y trouve l'avocat Gabanizza, avec qui j'avais justement un rendez-vous à ce moment-là mais que j'avais déjà fait annuler. A la tombée de la nuit je me rends sur la nationale et j'attends pendant plusieurs heures un éventuel moyen de transport qui me conduise à Milan, mais inutilement. Il y a un camion de Brigades Noires dont je m'approche courageusement, mais quand ils me demandent mes papiers de travail j'ai la bonne idée de me défiler, parce que les miens sont au nom de la Maison Peruzzi (où je suis censé être rien de moins qu'au service des S.S. !).

Autre nuit de chance. Le lendemain je trouve enfin une place dans un car de la CIT[1]. Je paye les 4 800 lires requises, et j'envisage d'attendre l'heure du départ à l'habituelle bibliothèque de l'université.

1. Compagnia Italiana Turismo.

Mais voilà que via XX Settembre je rencontre un camarade qui, dégoûté de je ne sais plus quoi, envisage de tout plaquer et de partir à la campagne pour quelque temps. J'arrive à le convaincre de rester, et je poursuis mon chemin quand je m'entends appeler : « Ohé, Bolis ! » Je fais un bond, parce que personne, absolument personne, ne connaît mon nom à Gênes, et je me trouve devant l'un de mes vieux compagnons d'armes (j'ai su après que c'était un « sappiste[1] » qui m'avait reconnu malgré mon déguisement – plus de barbe, des lunettes, etc.). Je le salue en vitesse parce que j'ai peur de m'entendre demander : « Qu'est-ce que tu fiches à Gênes ? » et je me précipite vers un trolleybus qui va partir de la place De Ferrari. Je m'apprête à y monter quand quatre bras robustes – deux jeunes gars en civil – m'attrapent par-derrière et m'entraînent de force quelques pas plus loin : « Ne crie pas ou on tire. C'est juste une vérification, tu pourras prendre le trolley suivant. » Je comprends tout de suite le coup du trolley suivant, parce que, une fois déjà, quelques années plus tôt, on m'avait dit : « Viens juste un instant à la Préfecture », j'y avais passé douze mois et, s'il n'y avait pas eu le 25 juillet[2], j'y serais resté je ne sais combien de plus.

Dans des moments de ce genre, on sent un grand flot de sang vous monter au visage et on éprouve une grande envie de s'asseoir par terre, mais on sait qu'au contraire il faut avoir l'air naturel (ou plutôt exaspéré, car il est normal qu'un « monsieur comme il faut » soit exaspéré en pareilles circonstances) ; du

1. Sappista : partisan, membre des Squadre Armate Patriotiche.

2. Jour de la destitution de Mussolini. Il fut ensuite arrêté puis, délivré par les Allemands le 12 septembre, il créa la République de Saló.

reste je me suis tout de suite rappelé que, à peine quelques mois plus tôt, j'avais été arrêté de la même façon par quelques « brigands noirs », mitraillettes braquées et « haut les mains ! », dans une rue de La Spezia (à bord d'un camion de S.S.), au virage d'Apuania, et que la méthode du « monsieur comme il faut » avait fait ses preuves, puisque j'avais été relâché le jour même. Pourtant, mon passage avait été signalé comme celui d'un dangereux « espion », et, par-dessus le marché, j'étais chargé de documents compromettants (je les fis disparaître, les uns en les avalant pendant le trajet, les autres en les utilisant comme papier hygiénique sous les yeux idiots du planton. En effet j'avais obtenu, après une scène déchirante, que l'interrogatoire soit interrompu, sous prétexte de me retirer un moment pour des raisons de force majeure).

Cette fois aussi, ils me demandent mes papiers et moi, très sûr de moi, d'un geste de grand seigneur je sors ma carte d'identité au nom d'Ettore Colombo. Sans même prendre le temps de la consulter, ils crient : « C'est lui, c'est lui ! », me regardent en face en savourant d'avance Dieu sait quoi et font des bonds de joie. Moi je continue à faire l'innocent, mais je fais tout de suite le rapport avec l'arrestation de Peruzzi, qui était le seul dans tout Gênes à me connaître sous le nom de Colombo.

— Si tu savais depuis combien de jours on te cherche ! Pense qu'on a même arrêté à ta place un autre Ettore Colombo, propriétaire d'un restaurant de la ville, que nous avons dû relâcher. Un gros ventru de ce genre ne pouvait pas être bien dangereux.

Entre-temps est venu se joindre au groupe un officier des Brigades Noires en uniforme, à qui l'un des deux gars en civil affirme :

— C'est vraiment lui, je le reconnais.

Moi aussi je le regarde mieux et je le reconnais à mon tour.

C'était un type que Peruzzi, naïf comme il l'était, m'avait présenté un jour, sans mon autorisation, dans son magasin – « Lui, c'est Colombo, envoyé de Milan pour réorganiser le comité de Gênes » –, comme un partisan qui, ayant échappé à une opération de ratissage, avait besoin d'argent et de faux papiers. Ce que je lui avais procuré le lendemain, naturellement après avoir examiné les preuves qu'il avait sur lui confirmant qu'il était bien un partisan ; preuves qui m'avaient semblé suffisantes. (Je sus par la suite que le malheureux, au départ officier de la « Monte Rosa [1] », puis déserteur et effectivement partisan, avait été pris dans une rafle et condamné à mort par les Brigades Noires. Pour avoir la vie sauve il avait fini par se mettre à leur service comme espion et agent provocateur. Il semble qu'il ait été liquidé, un peu avant l'insurrection, peut-être parce que à la fin il avait tenté le double jeu.

Au moment où je le reconnus, toute la défense à laquelle je comptais me tenir tomba d'un seul coup. Je ne pouvais plus rien nier. J'étais bien obligé d'admettre certaines choses, puisque les preuves étaient là. Mais quelles autres preuves allaient encore sortir ? Instants d'indicible angoisse mais – je dois le dire – mes nerfs me rendirent dès ce moment-là les plus grands services.

En remontant à pied la via XX Settembre dans cette compagnie, j'écartai tout de suite l'idée de tenter de m'enfuir au milieu des gens et des ruines. D'autres de mes amis, dont Piero Caremoli et Sergio

1. Régiment fasciste.

Kassman, avaient déjà payé de leur vie ce genre d'initiative. « Moi aussi, pensai-je, je serais abattu au bout de quelques pas. Mieux vaut miser sur la chance et la ruse. » Mais j'avais en poche des papiers qui me « grillaient » et rendraient toute défense inutile si on les trouvait sur moi.

On peut vraiment dire que les besoins naturels constituent un excellent prétexte, parce que de nouveau, dans ces circonstances, je ne trouvai d'autre saint à qui me vouer et je visai l'urinoir de la piazza della Vittoria avec toutes les forces de mon intelligence et de ma volonté. Ma demande fut évidemment rejetée avec un sourire qui voulait dire : « On connaît le truc ! » Je me vis fichu et pourtant j'insistai et j'eus l'idée lumineuse de demander en second lieu (pour prouver l'authenticité de mes besoins) qu'ils me laissent au moins pisser contre le mur.

Non que la chose émût le moins du monde mes gardes du corps, mais plus probablement par crainte de provoquer un scandale (je menaçais déjà de passer à l'acte...), on m'accorda cette grande faveur. Et là il se passa quelque chose d'absolument invraisemblable puisque, les deux gars me tenant toujours par les bras et surveillant mes mains pour qu'elles ne fassent pas de mouvements étrangers à l'opération à laquelle j'étais occupé, je réussis à sortir d'une de mes poches mon petit carnet de notes et à le laisser tomber sans qu'ils s'en aperçoivent. (Il est vrai qu'ils n'y auraient pas compris grand-chose, parce que tout, des adresses aux heures de rendez-vous, y était inscrit en langage chiffré que j'étais le seul à comprendre, mais, dans tous les cas, comment aurais-je pu expliquer la présence dans mes poches d'un carnet avec tous ces signes ?)

L'opération terminée, comme c'était prévisible,

les deux gars m'arrachèrent de là, et moi je pensais avec horreur que dans une autre poche j'avais encore les comptes rendus des dernières réunions et deux lettres de Cesare à Carli et Maurizio. Comment faire ? Je demandai encore une fois la permission de prendre mon mouchoir dans ma poche. Non mais ! Refusé. Je fus donc obligé de faire semblant de me moucher dans mes doigts. Et pourtant, à un moment donné, toutes ces feuilles glissèrent bien tranquillement derrière mon dos (encore une chance que ne se soit pas présenté le gentil petit vieux habituel : « Regardez, monsieur, vous avez perdu quelque chose »).

Désormais, j'étais débarrassé de tous ces poids indigestes. Dans ma mallette je n'avais que des affaires personnelles. Je poussai un soupir de soulagement. « Moi je suis cuit, mais au moins ils ne prendront pas les autres. » Dans le tram, ma tentative de corruption n'eut pas de suite. Ils espéraient évidemment tirer de moi quelque chose d'autre que les misérables trente mille lires que j'avais en poche à ce moment-là.

Nous descendîmes et nous dirigeâmes vers un immeuble qu'à vrai dire je n'avais jamais remarqué. En entrant, l'un des deux gars me dit, sans doute pour me donner du courage :

— C'est la fameuse « Maison de l'Etudiant ». Tu vas en voir de belles. Tu n'as jamais entendu de drôles de bruits, en passant dans les environs, la nuit ?

Il faisait évidemment allusion aux cris des prisonniers torturés.

Fouillé et conduit dans une cellule souterraine, on me fait signer une feuille (quelle merveille, ce souci de légalité !) où figure la liste de mes affaires personnelles confisquées, et où l'on a consigné entre autres vingt-six mille lires au lieu de trente. J'avais évidemment mal compté !

Bien entendu, rien à manger. Au cours de l'après-midi on m'introduit dans une vaste salle, sans doute le siège du commandement.

Au centre trône un commandant des Brigades Noires (avec monocle, gants et badine) entouré d'officiers, sous-officiers et simples soldats – une vingtaine de personnes en tout –, dans l'attitude caractéristique de gens qui se préparent à assister à un spectacle. C'est le commandant qui commence, lequel veut évidemment agir avec élégance en me voussoyant et m'appelant « Monsieur Colombo », pour me dire qu'ils avaient su qu'un jour j'avais juré que je me ferais massacrer plutôt que de trahir mes camarades ; après quoi il ajoute avec une feinte tristesse :

— Mais dans ce cas nous serions obligés de vous faire parler par d'autres moyens. Je puis vous assurer, poursuit-il avec un petit rire, que nous n'en manquons pas... Et maintenant passons à l'examen de vos papiers.

J'en avais six ou sept (carte d'identité et de travail, papiers militaires, etc.) tous très bien faits, concordant parfaitement entre eux, mais naturellement faux, c'est-à-dire que la moindre enquête révélerait qu'ils n'avaient pas été délivrés par les autorités. Je fis alors le grand seigneur en déclarant :

— Ils sont tous faux, sauf la carte d'identité (je ne voulais pas que mon vrai nom apparaisse).

— Que les papiers militaires soient faux, je l'avais déjà compris, ajoute le commandant en se redressant avec suffisance ; on ne porte pas de lunettes quand on est officier d'aviation.

« Pauvre type, suis-je tenté de lui répondre, tu ne

vois donc pas que ce sont des lunettes en verre ordinaire ? » Mais par prudence je me tais. Je tiens encore à ma peau.

— Nous savons que vous êtes l'un des chefs du Comité de Libération.

— Ce doit être une erreur.

— Alors, expliquez-moi comment vous avez pu, du jour au lendemain, fournir au monsieur ici présent – et il montre du doigt le délateur – une fausse carte d'identité de la ville de Gênes.

Je pense aussitôt à l'infatigable La Rosa et à tout l'attirail qu'il cache chez lui, et je me jure à moi-même : « Tu ne sauras jamais par qui je l'ai eue. »

Et je me mets à raconter l'histoire, enrichie de quelques détails, à laquelle je m'en suis toujours tenu pendant les interrogatoires suivants et dans laquelle, il faut le reconnaître, chaque mot était pesé. La voici en deux mots : Orphelin, fils unique de parents milanais (voir le nom de famille), j'avais quitté Milan tout petit et j'avais toujours vécu dans le centre de l'Italie, où j'avais d'ailleurs fait mon service militaire et exercé les professions de musicien et d'enseignant. Ayant quitté Florence par crainte des bombardements, je m'étais installé dans le nord de l'Italie, où j'avais vécu caché, pour éviter d'être recruté pour le travail obligatoire (j'étais de la classe 12, et par conséquent exempté d'obligations militaires), d'abord à Milan, puis à Gênes, où je ne connaissais personne d'autre que le signor Peruzzi, lui aussi toscan. Je ne m'étais jamais occupé de politique, mais récemment, pour faire face aux nécessités de la vie, j'avais accepté de rendre quelques petits services à un monsieur Untel, dont j'avais fait la connaissance dans un restaurant, et qui était précisément celui qui m'avait procuré la carte d'identité en question.

— Et où le rencontriez-vous, ce monsieur ?

— Tous les soirs, à telle heure, à tel coin de rue.

Naturellement le soir même il y eut une descente à cet endroit-là, mais on n'y trouva pas le « monsieur ».

— Passons. Et ces clés, qu'ouvrent-elles ?

J'avais en effet dans ma poche un trousseau d'au moins sept clés. J'avoue que je n'y avais pas pensé, cependant la réponse tomba tout de suite.

— Ma maison de Florence.

A ce moment-là m'arriva brusquement un coup de poing qui me brisa net une dent : évidemment, ils n'avaient pas marché. Mais moi je ne pouvais qu'insister.

C'étaient en fait les clés du secrétariat des archives régionales, du dépôt de presse, du local de la dernière réunion et de ma plus récente habitation. De quoi « mettre dedans » la moitié de Gênes.

Ils ergotèrent sur une infinité d'autres points, pour les confronter avec la déposition de Peruzzi : comment je l'avais connu, où je vivais, etc. Et à présent, pour les profanes, il est peut-être utile de préciser qu'il y a une différence entre de vagues accusations, que l'on peut nier, et des accusations reposant sur des preuves (et des dépositions d'autres personnes), qu'il est inutile de nier, parce que, dans le doute, celui qui interroge part du principe que l'accusé est coupable et ment pour se disculper.

Il y a encore autre chose qu'il faut absolument révéler si l'on ne veut pas augmenter les soupçons, à savoir où l'on a dormi la nuit précédente, avec quelles ressources on vit, quelles sont nos relations, etc. Quand quelqu'un est sorti d'une vie normale pour un interrogatoire de police, il est obligé de répondre aux accusations spécifiques qui lui sont faites, mais il arrive toujours à tirer quelque chose de sa vie réelle qui puisse induire en erreur, ou fournir des circonstances atténuantes, ou constituer un alibi. Mais, quand on vient de la vie clandestine, tout est contre vous et il est très difficile de répondre.

En effet, si je révélais quoi que ce soit de ma vie privée, c'est-à-dire de la vraie vie de Luciano Bolis, laquelle s'était arrêtée quand j'avais changé de nom et de milieu, je pouvais courir le risque d'être reconnu comme Luciano Bolis, ce que je voulais justement éviter pour des raisons évidentes. Mais, en me présentant comme Ettore Colombo, je n'avais pas de vie privée justifiable à leurs yeux et sur laquelle j'aurais pu compter, parce que, en tant qu'Ettore Colombo, je n'avais accompli que des actes hors de leur légalité (à partir de la création même de ce personnage arbitraire ne figurant dans aucun registre d'état civil), ou au minimum des actes susceptibles de mettre en lumière mon activité de conspirateur que je tenais également à cacher.

De sorte que je jugeai inopportun de révéler même les détails les plus anodins de ma vie génoise, tels que le restaurant où je mangeais, le coiffeur chez qui j'allais me faire couper les cheveux, etc., parce que chacun de ces détails pouvait constituer une preuve spatiale ou temporelle susceptible de m'entraîner vers des déclarations ultérieures ou, pis encore, de me mettre en contradiction avec ce qu'il devait y avoir d'effectivement et nécessairement faux dans mes propos.

D'autre part, rien ne fait autant fulminer celui qui interroge que le mutisme de celui qu'il interroge, et j'avais tout intérêt à ce qu'autour de moi l'ambiance ne devienne pas plus bestiale qu'elle ne l'était déjà, par définition et par nature.

En fin de compte, ma défense se réduisit à faire l'innocent et à minimiser le plus possible mes responsabilités.

Dans ce rôle je dois dire que la présence d'esprit ne me fit jamais défaut. Même une fois où, sous la pression des tortures, le cri de « Maman » m'échappa, me rappelant tout de suite que je devais me faire passer pour orphelin, je me corrigeai aussitôt en ajoutant :

— Maman, toi qui es morte, je voudrais être avec toi.

Mais je parlerai de cela en temps voulu.

Le comportement de Peruzzi, je l'ai reconstitué après coup. Il avait été arrêté par le « donneur » en question. Après quoi, le magasin fut surveillé pour que, moi, je tombe tôt ou tard dans le piège. Peruzzi ne révéla jamais mon adresse (connue de lui seul dans tout Gênes), mais, espérant justement que je ne serais jamais pris, et pour ne pas être obligé de donner le nom des autres, il me mit aussi sur le dos certaines petites affaires avec lesquelles je n'avais rien à voir (par exemple le matériel de propagande qu'on avait trouvé dans son magasin).

Comprenant que je lui aurais nui en démentant sa déposition, j'endossai également, après quelques hésitations, ces « fautes » que je n'avais pas commises, dans l'espoir que cela puisse favoriser sa libération.

En effet, Peruzzi recouvra la liberté, mais hélas ! pour quelques heures seulement, car dans la nuit qui suivit le jour de sa libération il fut repris par ces mêmes Brigades Noires qui venaient juste de le relâcher, et abattu dans la rue, comme un chien. Le corps fut découvert à l'aube, par un passant.

Cette histoire voulant être brève, elle laissera de

côté les nombreuses péripéties secondaires qui, du point de vue de la police, ou du point de vue politique, coupent la ligne principale des faits. Parce que tout accusé – je devrais dire toute accusation – est comme une cellule à laquelle on arrive par une infinité de chemins et à laquelle se reconnecte une suite infinie de circonstances.

En outre, même la ligne des faits – transferts, confrontations, interrogatoires – ne prend sa véritable signification que si l'on considère les faits eux-mêmes non comme les éléments de mots croisés compliqués mais comme les facteurs d'une situation spirituelle éternellement polarisée sur la douleur.

En fait, l'histoire d'une détention est toujours l'histoire d'une souffrance, qui crée des problèmes moraux nouveaux ou éclaire d'une lumière nouvelle les anciens problèmes moraux.

Et c'est là que se trouve la difficulté de décrire ce que l'on a vécu dans ces moments-là, de là que vient l'inadéquation de toute expression à la tension et au « climat » atteints quand l'âme souffre, parce que la vision de ces zones et l'intuition de ce pathos ne peuvent pas nous être fournies par les faits – qui sont toujours « bruts », comme sont muettes les paroles qui tentent en vain de les raconter –, mais seulement par un certain élan et une sensibilité d'ordre sentimental et humain.

II

Le soir, je suis transporté à bord d'une camionnette à la caserne des Brigades Noires de la via Monticelli. J'entends un ordre :

— S'il tente de s'enfuir, tirez.

Ce qui se passe à mon arrivée est indescriptible. On m'oblige à saluer la sentinelle à la manière fasciste et on me jette dans le corps de garde. Ma venue avait manifestement été annoncée car une vingtaine de jeunes voyous sont là à m'attendre, les uns en uniforme, les autres en civil (ces derniers étaient de la brigade politique), qui m'accueillent avec des signes de grossière satisfaction.

L'un d'eux, une véritable tête de délinquant, mâchoire proéminente et petits yeux injectés de sang, s'approche de moi et ricane :

— C'est toi le communiste, hein ?

Deux terribles gifles me font vaciller.

Un autre, un type apparemment distingué, grand, maigre, visage glacial, veut m'imprimer la « marque de fabrique », comme il l'appelle : il me prend l'oreille gauche entre ses dents, appuie ses mains sur mon épaule pour mieux s'arc-bouter, et tire de toutes ses forces.

Un autre, encore tout jeune – un véritable enfant –, se met à m'arracher des touffes de moustache, pendant que les autres se tordent de rire à la vue de la lèvre qui se soulève démesurément et des grimaces de douleur que j'ai du mal à réprimer.

Ensuite l'un d'eux, qui se vante de connaître les arts martiaux, tente de me fendre la nuque avec les deux mains réunies, frappant de toutes ses forces le sommet de ma tête comme une hache, et entre chaque coup de massue il crie :

— C'est comme ça qu'on assomme les lapins !

Au début, l'assistance se contient relativement, amusée par les trouvailles de ces « solistes ». Puis peu à peu elle s'excite et, comme ils veulent tous me faire quelque chose, ils finissent par se gêner. Un autre encore veut se servir de mon corps, forcément consentant, pour satisfaire ses désirs sexuels. Et pour conclure, ils me sautent dessus tous ensemble et quand je tombe l'un d'eux me relève pour pouvoir continuer à me frapper. Il y en a même un qui, après que je me suis laissé aller comme un corps mort, se voit disputer le plaisir de me maintenir debout pour permettre aux autres de mieux me cogner.

Mais ce n'étaient que des gifles et des coups de poing, pas plus, et chacun sait qu'on n'en meurt pas. En effet, quand ils eurent un peu continué et que mon manque absolu de réactions finit par amoindrir leur divertissement, ils me déshabillèrent presque entièrement (on était en février), me remirent les menottes avec les mains derrière le dos et me jetèrent dans une immonde cellule, totalement obscure.

Ils me laissèrent comme ça pendant deux interminables journées sans jamais se manifester. De temps en temps seulement, le planton jetait un coup d'œil par le judas. Je ne peux pas dire que j'aie vraiment souffert de la faim et de la soif : dans l'état où j'étais je n'aurais même pas pu manger. Mais j'ai souffert du froid, ça oui : je me souviens que je tremblais de façon incroyable et que je ne fermai pas l'œil un seul instant, sans doute aussi parce que je sentais tous les coups que j'avais reçus et que je n'arrivais pas à trouver une position qui ne me causât pas de douleur.

Inutile d'ajouter que je n'avais pas la possibilité de satisfaire mes besoins naturels, sinon en me faisant dessus.

Je dois dire que mon esprit réagit avec une remarquable rapidité à ce passage à tabac, et aux plus terribles que je subis par la suite. Dès les premiers moments, j'avais appris à relâcher mes articulations pour que les coups s'amortissent sur un fond élastique, atténuant ainsi ma douleur. J'appris aussi à simuler des évanouissements qui me procuraient quelques instants de répit, parce que ces messieurs ne s'amusaient plus à me frapper quand ils voyaient que je ne souffrais pas.

Mais intérieurement j'appelais toutes mes forces à la rescousse : « Courage, Luciano ! Tiens bon ! Ces imbéciles n'imaginent pas, et de loin, quelles réserves d'énergie tu as en toi ! Tu es infiniment plus fort qu'eux, même si tu es momentanément désavantagé. Et puis, c'est le moment de leur montrer que tu n'es pas seulement un homme qui parle, mais un homme qui agit. Ne savais-tu pas, par hasard, que ça pouvait aussi finir comme ça ? »

Ainsi, dans les moments d'attente entre deux stations de mon nouveau chemin de croix, j'égrenais constamment ce genre de soliloque, et je puis dire que plus mon physique cédait, plus grandissait ma solidité intérieure. J'en avais pleinement conscience et, passé l'égarement des premiers moments, je me regardais avec une satisfaction de plus en plus rassurante. Je m'étais pleinement retrouvé.

Pendant la nuit qui suit le deuxième jour, la cellule

s'ouvre enfin, on me détache et on me fait monter dans le bureau du commandant, où m'attend l'habituelle mise en scène. Je tremble toujours comme une feuille, au point de ne pouvoir articuler un seul mot. Un militaire dit avec une feinte gentillesse :

— Maintenant on va allumer le poêle, comme ça tu te réchaufferas un peu...

Tous rient, il y a évidemment quelque chose là-dessous, ne fût-ce que le plaisir de me roussir les testicules, comme ils l'ont fait à d'autres. Mais, par bonheur, le bois est humide, le tirage ne fonctionne pas, et je bénis le froid.

L'interrogatoire reprend. On établit le procès-verbal de ma fameuse histoire mais à la fin, elle les satisfait si peu qu'ils ne me le font même pas signer ! Certaines fois, le sujet du discours s'élargit : ils essayent de me soutirer quelques détails qui puissent leur servir de point de départ pour d'autres enquêtes.

Mais, en définitive, les choses que je devais absolument dire étaient les suivantes : où j'avais passé la dernière nuit (ils n'avaient pas gobé que j'aie dormi ici et là, chez des femmes de mauvaise vie, dans des ruelles du port, dont j'avais oublié le nom), ce qu'ouvraient ces fameuses clefs, et les noms de mes camarades conspirateurs.

Tant qu'on restait dans le vague ma dialectique pouvait encore me servir mais, mis au pied du mur, une fois écartées les versions que j'avais données, je n'avais plus qu'à me retrancher dans cette affirmation obstinée :

— Ce que je sais, je vous l'ai déjà dit. Je ne sais rien d'autre.

Ce fut alors que commencèrent lesdites « tortures scientifiques ». Ils m'attachèrent, torse nu, à califourchon sur une chaise, sortirent des espèces de cravaches de formes différentes – l'une en lanières de cuir tressées, l'autre avec de petites boules de métal au bout de chaque lanière, l'autre enfin (la plus terrible) toute en anneaux de métal emboîtés l'un dans l'autre pour permettre une certaine flexibilité. Les coups se mettent à tomber, ils dégringolent pendant que je sursaute chaque fois en serrant entre mes dents le dossier de la chaise et qu'à la fin je crie :

— Assez ! Assez !

Ils s'arrêtent un moment :

— Alors, tu parles ?

— Mais je vous ai déjà dit tout ce que je sais.

— Alors allons-y.

Les coups de cravache recommencent, et à chaque coup :

— Tu parles ?

Je réponds par un rugissement de fauve blessé à mort. Et comme ça pendant un laps de temps que je suis incapable d'évaluer.

A la fin, ils se lassèrent plus vite de fouetter que moi de me taire, et l'on passa à un autre genre d'exercice.

Attaché à une chaise, mais cette fois dans le bon sens, pendant que l'un des types me tenait la tête renversée en arrière, un autre m'introduisit dans la gorge un chiffon imbibé de je ne sais quelle substance, en le poussant le plus loin possible avec un bâtonnet, et un troisième me versait l'eau d'un broc directement dans le nez.

Je sentais l'eau glacée me descendre dans l'estomac et je ne pouvais plus respirer. Je crois qu'en termes de médecine légale cela s'appelle « suffocation » ; d'ailleurs eux-mêmes appelaient l'ensemble de l'opération « bain de suffocation » ; quoi qu'il en soit, je devenais tout violet (à un certain moment j'ai craint que les veines de mon cou n'éclatent), mes yeux se révulsaient, mon estomac se gonflait. Mais, enfin, le supplice cessait et je pouvais reprendre mon souffle.

— Tu parles maintenant ?

Pour toute réponse le silence. L'opération recommençait. A la fin, ils ont dû penser que j'avais un corps en caoutchouc et, d'un coup de pied, m'ont fait rouler jusqu'au bas de l'escalier.

En bas, dans le corps de garde, ceux qui n'avaient jamais pu participer à la « torture scientifique » improvisèrent un passage à tabac que je qualifierais d'« à mains nues ».

Le lendemain (je commençais vraiment à souffrir de la faim), la tête d'un sbire s'encadre dans le guichet et me demande si je veux de la soupe ou des pâtes.

— Ce que vous voulez, répondis-je, car je n'avais pas compris le jeu.

— Mais, d'abord, tu dois parler.

Et en effet, il m'apporta quelque chose, mais seulement à regarder, puisque je n'avais pas encore parlé.

Ensuite vint le commandant qui m'avait interrogé à la « Maison de l'Etudiant » pour recueillir les fruits de ces premiers jours d'hospitalité. Le pauvre ! Je crains de lui avoir ôté ses illusions.

Ce fut à cette occasion que je vis pour la dernière fois Peruzzi, encore tout tuméfié.

Et ce fut aussi à cette occasion que le commandant, évidemment excédé, donna l'ordre au capitaine de me faire fusiller le lendemain matin.

Je rentrai donc dans ma cellule avec la perspective de n'avoir plus que quelques heures à vivre.

Pendant qu'intérieurement j'invoquais la force

nécessaire pour bien mourir (pour qu'au dernier moment, pris de panique, je ne cède pas à la tentation d'acheter ma vie au prix honteux d'une trahison) et que je pensais à la dernière phrase que je crierais avant de tomber, je vois entrer comme des bolides dans la cellule deux soldats qui ont l'air furieux. Ils me tombent dessus, me cognent à plusieurs reprises la tête contre le mur, me piétinent de toutes leurs forces avec leurs brodequins, m'écrasent sous le poids de leurs corps en hurlant :

— Tu vas nous le payer ! Tu vas nous le payer !

Par la suite, j'ai su que ce jour-là un de leurs camarades avait été blessé au cours d'une embuscade des partisans : ils voulaient donc se venger sur moi de l'humiliation subie. L'un des deux hommes, visiblement éméché, dégaina son pistolet, dans l'intention de m'achever. L'autre eut tout juste le temps d'arrêter son bras.

— Qu'est-ce que tu fais ? Tu sais bien que le commandant ne veut pas.

Ce qui n'empêcha pas le premier de continuer à jouer avec son engin, d'abord en me le pointant sur la tempe, puis en m'en enfonçant le canon de toute sa longueur dans la gorge.

A la fin, quand mes yeux ne voyaient déjà plus, je sentis également des coups très douloureux sur les jointures des articulations, assenés je suppose avec une barre de fer. Mais j'avais déjà dépassé le stade de la douleur physique, j'étais comme mort.

J'entendis ces mots :

— Maintenant, on te laisse reprendre connaissance, ensuite on reviendra avec la pince arrache-ongles.

Je restai là, fou de terreur, les yeux écarquillés, fixés sur la porte qui allait se rouvrir d'un instant à l'autre, et les oreilles tendues au moindre bruit.

Mais personne ne revint. La nuit, j'eus un accès de délire, accompagné, je crois, d'une forte fièvre. Mon corps était tellement rompu que le moindre mouvement me causait une douleur atroce.

Toujours dans la même nuit, un groupe d'hommes armés fit irruption dans la cellule.

Que pouvaient-ils bien me vouloir ?

Comme je n'étais pas en état de bouger ni de répondre (je ne garde de tout cela qu'un souvenir très vague, comme celui d'un rêve), après avoir passé une chaîne entre mes menottes ils me traînèrent sur le dos, jusque dans la cour.

Je me rappelle encore la sensation de mon dos nu écorché jusqu'au sang par le gravier glacé.

Ils s'apprêtaient à me charger dans l'habituelle camionnette quand je distinguai la voix du commandant.

— Laissez-le ici. Dans cet état il ne nous sert à rien. Ce serait inutile.

La voiture part sans moi et je refais encore une fois le trajet de la cour, mais cette fois traîné par les pieds, et enfin jeté comme un sac de patates dans ma cellule. Quelques coups de pied me déplacent juste ce qu'il faut pour pouvoir refermer la porte.

A ce moment-là je n'étais certainement pas en état de m'en rendre compte, mais j'appris par la suite que toute la compagnie était partie pour une opération de ratissage et que Spiotta, la bête sauvage des bêtes sauvages, avait demandé que j'y sois moi aussi.

Peut-être pour me laisser mort à quelque coin de rue, comme ils allaient le faire avec le pauvre Peruzzi ? Ou éventuellement pour se servir de moi comme otage ?

N'était-ce pas plutôt pour mettre en scène on ne sait quelle macabre cérémonie entre les nouvelles victimes de l'opération de ratissage et moi ? Je ne sais pas.

III

Ce que je sais, c'est que cette fois-là je crus vraiment mourir. Mais non : je restai dans cet état jusqu'au matin, et les plantons, en entrant dans la cellule, s'étonnèrent de me trouver encore en vie et dirent entre eux que je n'en avais pas pour longtemps.

L'un d'eux alla même chercher pour moi un petit verre avec quelque chose de fort et me le tendit. Je détournai la tête. Il comprit, n'en but que la moitié sous mes yeux et approcha de nouveau le verre de mes lèvres. Alors seulement j'avalai, et je repris progressivement des forces.

Je fus très mal en point pendant quelques jours, mais les plantons, je dois le dire, me soignèrent bien. Ils me donnèrent à manger sur leur propre ration, me fournirent une paillasse avec deux couvertures, et allèrent jusqu'à me soutenir quand je devais sortir de la cellule, une fois par jour, pour vider le seau.

Ce fut à l'une de ces occasions que je me vis par hasard dans une vitre. J'écarquillai les yeux de terreur. J'aurai toujours sur la rétine l'aspect de l'homme qui m'apparut à ce moment-là.

Ce ne pouvait pas être moi, cette grosse face bizarrement ronde et violacée, avec les yeux qui ne s'ouvraient pratiquement pas et les mâchoires incroyablement saillantes à cause de l'enflure du visage. Sur le moment, j'eus aussi l'impression, qui se révéla fausse par la suite, que mes cheveux étaient tout blancs.

J'avoue que cette image m'épouvanta. Je n'aurais jamais cru qu'on puisse en si peu de jours altérer à ce point une physionomie et, à ce moment-là, j'ai réellement désespéré de jamais retrouver des traits normaux... à supposer que je survive.

Dans cet état, je ne pourrais certainement pas retourner à la vie civile. J'étais détruit, mon corps n'était qu'ecchymoses et hématomes. Le moindre mouvement m'arrachait un hurlement.

Je ne connus pas le désespoir, mais un profond découragement, ça oui. Bien que je ne me sois jamais fait d'illusions sur la vie, bien que les précédentes expériences se soient déjà révélées particulièrement dures, je ne pensais pas que la férocité humaine pût aller jusque-là.

Je n'étais plus un homme, mais un déchet. Mon corps n'était plus qu'un poids pour moi. Ma vie brisée, l'avenir brouillé. Je n'étais que volonté, volonté farouche de ne pas céder, de ne pas parler.

Je n'avais plus d'autre fonction. Chaque fois que je ne parlerais pas, j'aurais déjà assez fait. On ne pouvait rien me demander de plus. Mais qu'on me laisse au moins le choix des moyens pour ne pas parler. Cela ne regardait que moi.

Si je disparaissais, cela ne toucherait que bien peu de gens, mais personne ne serait persécuté à cause de moi, personne ne pourrait dire : « Fabio », il aurait dû mieux se comporter.

Ce fut alors que j'éprouvai un grand désir de mourir, de sortir de ce cauchemar, de ne plus souffrir. Et jamais la mort ne me parut, autant qu'à ce moment-là, la « grande libératrice » chantée par les poètes de la douleur de tous les temps.

Mais comment mourir, puisque même les derniers passages à tabac n'avaient pas réussi à briser mon incroyable résistance physique ? Puisque les autres semblaient vouloir me garder encore en vie, fût-ce par un fil... ce fil ténu qui leur permettrait de m'extorquer la confession tant attendue ?

Il fallait donc que moi, moi seul, je me mette à la tâche ; mais comment ? Dans une cellule, la chose n'est pas facile. Je me souvenais qu'à « Regina Coeli[1] » un prisonnier s'était pendu avec une couverture et un autre s'était brisé les os dans la cage d'escalier.

Mais, moi, je ne disposais pas de ces moyens-là, et puis, je l'avoue, l'esthète réapparut en moi, même en cette fin de vie, pour me conseiller une mort plus élaborée, qui me permettrait de réunir mes ultimes pensées, et d'évoquer quelque beau souvenir littéraire de ma jeunesse.

Ma décision était prise ; pas encore l'ultime décision de me supprimer, mais celle de me préparer matériellement et spirituellement à le faire, dans la mesure où les événements prendraient une tournure qui m'obligerait à sauter le pas. Je pensais en effet que je pourrais éventuellement supporter un nouveau tour de vis à la série de mes tortures, mais pas plus.

La préparation matérielle fut vite faite. Sous prétexte de prendre des mouchoirs dans la mallette qu'on m'avait confisquée au moment de mon arrestation, je réussis à subtiliser le paquet de lames de rasoir Gillette : j'en cachai une dans le savon, une autre dans le plancher et une troisième dans une couture de mon pantalon.

Je ne pourrai jamais décrire l'impétueux flot de sensations qui me traversa quand, ayant réussi cette

1. Prison romaine.

opération préliminaire, je m'étendis de nouveau sur ma planche : ce fut une sensation très aiguë et très complexe, prélude à d'autres sensations plus aiguës et plus complexes encore, mais dont la note prédominante était la joie.

Désormais, je n'étais plus un simple instrument entre leurs mains, mais à un moment donné, par suite d'un acte de ma propre volonté, je pouvais moi aussi influer sur le cours des événements, je pouvais les duper dans leur désir de savoir et accéder à une nouvelle vie qu'ils ne soupçonnaient même pas, mais que, moi, je sentais pour la première fois avec une grande certitude.

Mon imagination enflammée savourait donc d'avance l'ivresse de cet instant où mon âme, déjà en train de partir, saisirait sur leurs visages la rage devant le mauvais tour que je leur avais joué, et que mon corps, jadis martyrisé, cesserait pour toujours de souffrir.

Plus haut j'ai parlé de préparation spirituelle, et dans ce domaine la plus grande difficulté que je devais surmonter c'était le problème de la légitimité du geste que je méditais. Bien que je ne fusse lié à aucune confession religieuse, ma conscience d'homme sentait toute la responsabilité morale que j'allais assumer vis-à-vis de moi-même et des autres, en accomplissant un geste qui, pour parler comme Kant, ne pouvait évidemment pas être considéré comme « norme universelle ».

En outre, fût-ce sous la forme attrayante du geste patriotique par lequel je cherchais inconsciemment à me justifier à mes propres yeux, le véritable mobile de ma décision n'était-il pas plutôt celui de me soustraire à tout prix aux souffrances que le destin m'envoyait et que j'aurais dû au contraire supporter plus stoïquement jusqu'au bout ? Lâcheté donc, et non courage ?

Ma conscience était déjà en train de m'interdire jusqu'à ce pas libérateur, quand la pensée de Masia et de Manci, mes frères aînés qui m'avaient précédé ou avaient tenté de me précéder dans cette voie, enleva toute ombre de doute à cette réponse.

Je sentais en outre que par ce geste je bouclerais toute l'aventure terrestre de l'individu Luciano Bolis ; je veux dire que par la mort je fermerais un compte qui allait bien au-delà, dans le temps et par sa raison d'être, de la lutte que je menais avec acharnement au nom d'un idéal, un compte qui s'était ouvert vingt-six ans plus tôt dans le sein d'une femme qui, alors déjà, avait commencé à souffrir pour moi, et qui s'était grossi de toutes sortes d'amours, affections, passions, vocations artistiques, crises religieuses, bref de tout le bagage de luttes secrètes et de petites victoires qui caractérisent la vie de chaque mortel.

Et ce n'était pas seulement à ma vie passée que je pensais, mais aussi à la vie future qui défilait devant mes yeux comme dans les prédictions d'un devin, et je voyais ma maison, mon avenir, et surtout l'aide effective que je pourrais encore apporter à la cause que je défendais ; et j'éprouvais alors un grand regret pour tout ce que je ne ferais pas, pour les enfants que je n'engendrerais pas, et la Libération que je ne verrais jamais.

J'eus quelques moments d'exaltation sentimentale, je l'avoue, et le lutin romantique que je faisais taire depuis bien longtemps ne renonça pas à passer avec moi ceux qu'il croyait être mes derniers instants ; alors – de Byron à Foscolo, de Garibaldi à Ruffini et Mazzini – toutes mes amours littéraires et

« risorgimentales » me tinrent compagnie ; mais, en fin de compte, je dois dire que j'affrontais plutôt la mort comme le fruit d'un calcul que je m'imposais avec rigueur et sévérité, comme s'il s'agissait d'un poids que je pourrais jeter à un moment donné sur le plateau de la balance du destin, pour le faire pencher de mon côté.

En attendant, ma condition de suspect s'était aggravée. Le registre d'état civil de Milan avait répondu que la carte d'identité établie au nom d'Ettore Colombo était elle aussi fausse, et ce fut encore une chance qu'aucune des préfectures de police du territoire républicain, dans certaines desquelles devait figurer mon ancien dossier, ne reconnût ma photographie, qui leur avait été distribuée.

Il y eut quand même une préfecture qui prétendit reconnaître en moi je ne sais quel bandit évadé ; mais pour finir la confrontation des empreintes digitales me sauva, pendant que moi je continuais à penser : « Par bonheur les archives de la police scientifique de Rome sont dans de bonnes mains ! »

La photographie en question, confiée à des experts, avait révélé l'endroit et l'époque à laquelle je l'avais fait faire. Derrière la même photo avaient été écrits au crayon, puis effacés, deux prénoms : Luciano et Cosimo (la personne qui m'avait fourni le précédent ensemble de faux papiers). Les vêtements que je portais en arrivant furent également examinés avec beaucoup d'attention dans l'espoir d'y découvrir quelque indice.

En outre, les Brigades Noires de La Spezia avaient signalé ma précédente arrestation, en ajoutant (sans doute parce qu'ils avaient honte d'admettre qu'ils m'avaient relâché après s'être laissé emberlificoter) que je m'étais évadé.

Mais ils me sortaient aussi les noms de quelques camarades milanais, avec lesquels j'étais en relation (par exemple Daniele), dont ils voulaient me faire croire qu'ils avaient déposé contre moi.

Bref, j'avais de bonnes raisons de penser que toutes ces pistes finiraient par aboutir à quelque chose. En outre, ils étaient aussi sur les traces de quelques camarades de Gênes, par une suite de circonstances sur lesquelles je ne m'arrêterai pas maintenant. Si l'une des personnes en question, étant arrêtée, était mise en confrontation avec moi, il en ressortirait quelques embêtements de plus : mieux valait donc qu'on ne me trouve pas moi non plus.

Par-dessus le marché, ma situation fut notablement aggravée par le fait qu'un courrier de Milan, qui m'était destiné, avait été intercepté. Sur l'enveloppe de ce pli figurait le nom de Colombo, mais les lettres qu'il contenait étaient adressées à un certain « Fabio » (c'était mon nom de guerre), dont le contexte rendait évidentes les fonctions de secrétaire de l'Union ligurienne du Parti d'Action (alors que moi, pour brouiller les pistes et pour exploiter le fait que leur pseudo-gouvernement se « vendait » désormais sous cette étiquette, je m'étais fait passer pour socialiste).

Il devait y avoir, si je ne me trompe, une lettre de « Carli », une de « Leo », une de « Somma », plus le bulletin de contre-espionnage et je ne sais quels autres documents militaires (peut-être relatifs aux largages aériens) qu'ils voulaient à tout prix que je déchiffre.

Ce livre n'étant pas un roman policier, je pense que l'enchaînement de toutes ces circonstances offre peu d'intérêt, et je passe.

En revanche, je voudrais rapporter comment je

voulus tenter le tout pour le tout, espérant pouvoir m'en sortir par quelque voie transversale. Etant donné que faire l'innocent qui ne savait rien ne m'avait pas vraiment réussi, je changeai de tactique et je pris peu à peu un air mystérieux, comme si je bénéficiais de Dieu sait quelles relations à l'extérieur : j'espérais atteindre par là un niveau de considération plus élevé, ne fût-ce que pour ne pas être liquidé à la légère et, éventuellement, gagner du temps sous un prétexte quelconque ; d'ici là, les Alliés pouvaient avancer, moi je pouvais trouver le moyen de communiquer avec l'extérieur, et il en ressortirait peut-être quelque chose.

L'important, somme toute, c'était d'éviter la mort immédiate et les tortures. Mais ma nouvelle tactique était vraiment difficile à mettre en pratique parce que je devais « faire comprendre » sans « dire » : faire comprendre ce que je dirais éventuellement, mais dans d'autres circonstances, selon d'autres accords et à d'autres personnes.

C'est pour cette raison que je m'entretins un jour avec le commandant à qui je demandai quelle était exactement ma situation juridique.

— Tu seras jugé par nous, les Brigades Noires, mais avec les plus grandes garanties d'équité.

En dehors du fait qu'une telle affirmation me faisait rire, c'était précisément de ce cercle fermé que je devais à tout prix sortir si je voulais m'en tirer. Je demandai donc à être confié, selon les conventions, aux S.S. ou à la police italienne.

« Dans le tas, pensais-je, j'en trouverai bien un qui se laissera corrompre. »

Je demandai aussi à être envoyé en Allemagne, en pensant évidemment à ceux de mes amis qu'on avait fait s'évader pendant le voyage.

A un certain moment, je fis mine de m'être repris et laissai espérer qu'avec de bonnes manières ils obtiendraient beaucoup plus de moi, peut-être même de me compter parmi les leurs comme l'avaient déjà fait certains autres : j'avais alors présent à l'esprit le cas d'un ami de Bergame qui, par ce procédé, avait réussi à obtenir une certaine liberté, et fini par s'évader d'une maison à deux issues.

Bref, je pense avoir essayé tous les moyens possibles, y compris celui de faire comprendre que s'ils m'épargnaient je sauverais l'un des leurs, le moment venu. Mais à la fin je n'arrivais plus à les convaincre parce qu'ils me disaient :

— Très bien, mais si tu as toutes ces possibilités, prouve-le-nous : donne-nous les noms de tes fameuses relations.

Cet argument me mettait évidemment au pied du mur, et tout s'arrêtait là.

Un jour j'eus même une conversation presque intime avec le commandant : il me déclara qu'il était catholique pratiquant et qu'il souffrait de devoir me traiter comme il me traitait ; qu'il aurait préféré m'affronter seul à seul pour me prouver son courage, et ainsi de suite, sans la moindre pudeur.

Il y avait aussi un gars de la brigade politique avec lequel j'étais arrivé à une relative entente : il ne se lassait pas de me répéter qu'ils étaient prêts à me pardonner pourvu que je prouve par des faits que moi aussi j'étais prêt à faire quelque chose pour l'Italie, comme eux qui avaient abandonné leurs mères et leurs femmes par pur patriotisme.

A ce moment-là, ma situation était stationnaire. Evidemment, eux ne savaient pas non plus sur quel pied danser après les preuves de résistance que je leur avais données, et je profitais de ce calme momentané pour lire en cachette un traité de droit maritime qu'un autre détenu, récemment libéré, avait réussi par bonheur à me faire passer. A supposer que je survive, je ne voulais pas devoir me reprocher d'avoir perdu mon temps à ne rien faire...

Dans les moments de liberté qui me restaient, quand il n'y avait plus assez de lumière pour lire, je me jetais sur ma paillasse pour réfléchir à l'expérience qui m'avait été réservée, en m'efforçant surtout de dépasser la rhétorique globale avec laquelle on avait l'habitude « dehors » de traiter le phénomène de la délinquance fasciste et de pénétrer très profondément dans l'âme secrète de ces êtres, qui n'avaient d'humains que les apparences et le nom.

Inutile d'ajouter que je n'ai rien découvert, et même, plus je considérais froidement les scènes auxquelles j'avais assisté, plus mon âme perdait l'espoir, non seulement de pouvoir les décrire dans un hypothétique lendemain, mais même d'en admettre simplement la possibilité.

J'avoue que, certaines fois, j'oubliais presque l'aspect politique de ce problème pour n'en considérer que les côtés psychologiques et humains.

« Comment est-il possible d'en arriver là ? me demandais-je. Qu'y a-t-il dans le cœur de ces gens ? » Et, par curiosité, j'essayais aussi de découvrir ce cœur, en abordant des sujets qui auraient dû, me semblait-il, ébranler les montagnes.

C'est une erreur de les juger tous avec la même unité de mesure : il y a la bête sauvage, il y a le sadique, le dévoyé, l'utopiste, et il y a le malheureux.

Je n'oublierai jamais – et c'est l'une des expériences les plus déroutantes et lumineuses de ma vie – la brusque et merveilleuse communion de deux âmes, le matin de Pâques, au milieu du joyeux envol des cloches de la Résurrection et des premiers souffles du printemps : entre un militaire assoiffé de paix qui, redoutant ses compagnons, avait eu besoin de ma chair souffrante pour pleurer à la fois sa misère et la commune misère, et moi-même, qui sus pendant un moment oublier le devoir de haine pour découvrir sous cet uniforme l'humanité d'un sanglot.

Aujourd'hui, cet homme m'apporte encore des fleurs.

Une autre chose qui m'intéressait beaucoup, c'était de savoir quelle opinion ils avaient de moi, et de nous, partisans et conspirateurs. Cependant je n'ai jamais su avec certitude si sous leur masque méprisant et railleur se cachaient quelques parcelles d'admiration.

En revanche, ce que j'ai tout de suite compris très clairement c'est à quel point ils nous craignaient. Leur haine était peut-être en relation directe avec leur peur.

Il y avait bien sûr quelques idiots qui continuaient à croire en l'Allemagne, mais la plupart d'entre eux s'avouaient déjà vaincus. On était en février.

Par la suite quand, pour justifier mon silence devant eux, j'évoquais la sévérité et la discrétion absolues de nos méthodes de travail, en les exagérant, naturellement, je les voyais frémir.

Sans compter que l'histoire des faux documents militaires les rendait fous. Ils s'imaginaient victimes d'embuscades dès qu'ils levaient le pied. Peut-être étais-je plus serein qu'eux.

Ils ne savaient pas grand-chose de nos partis, en dehors des habituels lieux communs sur le bolchevisme.

En revanche, ce qui les troublait de façon invraisemblable, c'était « le Comité ».

Quand ce mot magique entrait dans la conversation

– et je m'arrangeais pour l'y introduire le plus souvent possible –, leurs regards, déjà enflammés par la haine, se perdaient comme devant l'Insaisissable en personne, comme les Hébreux aux prises avec Yahvé.

Certaines fois je me demandais si je ne pourrais pas sauver ma vie au prix de quelque confession.

« Même en faisant abstraction de toute considération de caractère subjectif, pensais-je, ma vie vaut bien, objectivement, quelque chose, surtout en fonction des services qu'elle pourra rendre par la suite à la cause à laquelle elle s'est dévouée ! »

Somme toute, je voulais considérer le suicide comme une *ultima ratio*, et le remplacer, si cela m'était possible, par quelque sacrifice mineur, fût-il celui des autres.

Mon raisonnement procédait à peu près de la façon suivante :

« J'écarte naturellement les camarades qui ont d'importantes responsabilités, parce qu'ils sont trop précieux ; les femmes, par esprit chevaleresque ; les personnes qui m'ont hébergé, pour des raisons de reconnaissance. »

Bref, à force d'en écarter, ma conscience ne trouvait, pour une raison ou l'autre, aucune possibilité de choix, sinon, à la rigueur, pour quelques éléments de second plan que je connaissais peu et qui vivaient en marge de l'organisation : mais, pensais-je, mes bourreaux s'en contenteraient-ils ? Evidemment non, et alors il était inutile de mettre d'autres gens dans le pétrin (j'avoue, incidemment, que, bien que ma raison tentât de procéder froidement, c'étaient surtout des raisons sentimentales et humaines qui ne permettaient pas à ces projets de se transformer en réalité).

Cependant, après tant d'incertitudes, je me résolus à donner le nom d'une infâme mégère, dans tous les sens du terme, qui m'avait hébergé quelque temps, uniquement dans un but lucratif, dans son immonde taudis. Tout scrupule eût été superflu : mais je me rendis compte brusquement que cette femme était bien connue dans le milieu de mes compagnons, de sorte que je renonçai au projet.

Du reste, il était difficile de trouver dans l'organisation une personne qui ne soit liée qu'à moi seul, et qui puisse par conséquent arrêter la spirale, en évitant ennuis et tragédies aux autres. Et, d'autre part, si le principe « je dénonce un seul camarade pour me sauver moi-même » avait été appliqué à son tour (avec le même droit que celui que je me reconnaissais à moi-même) par la personne que j'avais mise en cause, et ainsi de suite, on déclencherait une interminable série d'arrestations, dont la responsabilité, en définitive, pèserait toujours sur celui qui avait été le premier à mettre en branle le système, à commencer la chaîne.

Non, il fallait que la chaîne se brise dès le premier anneau et si quelqu'un devait se sacrifier c'était moi qui le constituais par un effet du hasard.

Ainsi, plus je raisonnais et plus j'étais convaincu, de quelque façon que je tourne la question, que le seul comportement possible était vraiment de garder le silence.

Après tout, la mort d'un homme n'était pas un grand malheur, vue à la lumière des conséquences qui pourraient naître d'un comportement différent.

Mieux valait donc rester pour eux un simple « corps » dont ils savaient seulement que c'était celui d'un ennemi, mais dont ils ne possédaient pas suffisamment d'éléments pour en reconstruire l'identité et les relations sociales.

Je cherchais aussi à trouver la solution d'un autre

problème, celui de la limite de tolérance de la douleur physique, que je formulais en ces termes :

« Est-il humainement possible de résister à une douleur prolongée et procurée avec art, quand celle-ci dépasse les limites de l'imagination ? »

« Est-il humainement possible de garder la foi en son propre idéal quand celui-ci vous coûte d'aussi atroces souffrances ? »

« Le devoir d'adhésion et d'honneur peut-il être absolu au point de ne pas admettre de dérogations, même dans des circonstances aussi extrêmes ? »

Bref, je voulais savoir jusqu'à quel point tout cela était possible et jusqu'à quel point j'y étais tenu.

La réponse, ce furent les martyrs chrétiens qui me la donnèrent. Si d'autres avaient réussi dans des circonstances analogues, et même plus terribles, pourquoi ne devrais-je pas réussir moi aussi ?

Et Duccio, dont on venait tout juste d'apprendre le martyre, et Maurizio qui aux dernières nouvelles venait d'être arrêté, pouvais-je au grand jamais penser qu'ils donneraient à la même question une réponse autre qu'affirmative ?

Le problème était donc résolu dans son principe. Mais moi, être contingent peut-être soumis à des faiblesses et des manquements indépendants de ma propre volonté, à l'épreuve des faits, aurais-je la force de ne pas céder ?

Aujourd'hui encore, je pense que cette question est de celles auxquelles personne ne pourrait répondre avec certitude s'il était amené à se la poser dans des circonstances analogues, parce que personne ne peut garantir a priori la résistance de son physique au-delà des limites qui lui sont accordées par sa constitution, même si sa volonté aspire à ne pas admettre de limites à l'exercice de son empire sur lui-même.

Cette interrogation, qui ne pouvait trouver de réponse que dans les faits, était déjà en soi la plus terrible des tortures.

IV

Le 19 février, Spiotta, commandant des Brigades Noires de Chiavari, demandait de prendre personnellement la direction de mon enquête.

Pour moi ce fut évidemment un coup, car à Gênes aucun d'entre nous n'ignorait qui était Spiotta.

Dès que je le vis derrière son bureau, il me fit une très forte impression. Visage massif, cou de taureau, poignets d'acier, voix tonnante : un vrai mangeur de feu pour moi qui étais là, misérable, debout devant lui.

A ce moment-là je n'imaginais pas que notre prochaine rencontre aurait pour théâtre une cour d'assises, où il serait dans le box des accusés, et moi, du côté des témoins, « distillant l'accusation la plus terrible, la plus écrasante, qui résonna plus fort que toutes les autres dans la salle », selon les commentaires d'un journaliste.

Inutile de le dire : il me fait répéter toute mon « histoire », qu'il semble du reste déjà connaître. A la fin il me déclare en souriant que c'est un tissu de mensonges.

— Et maintenant je veux la véritable histoire, poursuit-il d'un ton péremptoire. Commence par me dire ton vrai nom.

Et comme j'insistais, il voulut m'impressionner, en se vantant d'avoir été jadis appelé par Mussolini le premier agent de l'OVRA[1] en Italie, et je suis bien obligé de reconnaître qu'il fit effectivement preuve d'une certaine subtilité.

Il commence par contester la pureté de mon accent toscan (que moi, pauvre bougre, je contrefaisais du mieux que je pouvais), en appelant par-dessus le marché un authentique Toscan pour qu'il le juge en expert. Ensuite il me fait demander par ce Florentin des détails topographiques sur sa (et prétendument ma) ville, et là je ne me débrouille pas trop mal.

A la fin, il se mit à me poser des questions minutieuses sur ma vie privée (dans quelles écoles j'avais enseigné, les noms des élèves que j'avais eus, des adresses de collègues, mes déplacements pendant mon service militaire) ; à ce moment-là je répondais avec une certaine aisance car je savais qu'en me référant à un village situé au-delà du front, tout contrôle était impossible ; mais, pendant que je parlais, quelqu'un notait tout, et, quand l'entretien avait déjà changé de sujet depuis un bon moment, Spiotta revenait en arrière et me faisait répéter toutes mes déclarations.

Si je ne me les étais pas rappelées exactement comme dans la première version, il eût été évident que je les avais tranquillement improvisées au moment de la question.

En outre, il n'admettait pas que moi, avec toutes les relations que je prétendais avoir, je sois incapable de donner le nom, sur tout le territoire républicain, d'une seule personne qui puisse dire :

— Oui, cet homme est bien Colombo.

Mais il est impossible de rapporter un interrogatoire de plusieurs heures en une page, aussi me

1. Police secrète du régime fasciste créée en 1926.

contenterai-je d'en rappeler les points les plus marquants.

Par exemple, je me souviens encore de ces phrases dans la bouche de Spiotta : « ... Et ne prends pas ces airs de martyr, parce que moi, après t'avoir abattu, je te jetterai à un coin de rue, défiguré, de façon que personne ne puisse te reconnaître... », « ... Les Anglais viendront, peut-être, mais moi j'aurai toujours le temps de te liquider juste avant... »

Puis je me souviens qu'il me montra quelques numéros de *Fiamma Repubblicana*, le journal des Brigades Noires de Chiavari qu'il dirigeait lui-même, et dans lequel s'alignaient des photos de partisans et de prêtres, arrêtés et tués par lui.

Puis, à un certain moment, il sortit de sa poche un journal du matin et me montra un entrefilet qui annonçait avec impudence l'assassinat de Peruzzi, perpétré par des inconnus, supposés être des « rebelles » qui auraient accompli ce geste de crainte que Peruzzi, jadis des leurs mais soumis à la surveillance des Brigades Noires, ne finisse par les trahir.

J'étais atterré. Je pensai aussitôt à la tragédie de cet homme que j'avais fait venir au Parti d'Action et que le destin avait rapproché de moi dans des circonstances aussi douloureuses.

Et Spiotta de renchérir :

— Tu vois ce que nous sommes capables de faire, nous ? Toi, tu auras la même fin, mais avant il faut que tu parles.

Je compris que mon heure était venue. Il n'y avait plus rien à faire. Toute résistance était inutile. Physiquement, Spiotta m'avait vaincu, mais je ne sentis jamais grandir ma force morale comme alors et, devrais-je dire, jamais comme alors je ne fus plus proche de l'état de pur esprit.

Je planais déjà au-dessus de la scène répugnante que j'avais sous les yeux : cet homme torve, ivre de volupté à l'idée de m'arracher le secret que je gardais ; j'avais déjà dépassé la phase des passions et des sentiments humains les plus naturels.

A ce moment-là, dans tout mon être ne parla plus que le « devoir ». Que gagnerais-je à tergiverser ? Qu'espérer de plus ? J'étais toujours le plus fort parce que, sous peu, je pourrais m'élever jusqu'à une sphère où la méchanceté des hommes ne m'atteindrait pas, et Spiotta pourrait blasphémer sur mon corps inerte, en tentant vainement d'arracher à mes lèvres muettes la confession si passionnément désirée.

Les derniers moments de l'interrogatoire trouvèrent un accusé étrangement serein, avec un sourire moqueur sur les lèvres et une grande paix dans le cœur.

Désormais Spiotta lui-même ne me faisait plus peur. Je n'avais plus à subir cette horrible vision que pendant quelques instants.

Malgré cela j'eus un mouvement instinctif de répulsion quand il ébaucha, en me congédiant, une hypocrite caresse, avec une perfidie raffinée, peut-être parce qu'il avait compris le dégoût qu'il m'inspirait ; mais j'entendis à peine son commentaire :

— Ne crains rien : c'est une simple caresse. Le reste viendra demain...

Ce léger mouvement de répulsion fut l'ultime réaction spontanée de la chair à la longue série des tortures subies.

Puis vint l'ordre de me mettre les menottes et de me suspendre de façon que je puisse à peine toucher le plancher avec les pieds.

— Je te laisse la nuit pour réfléchir, furent ses

dernières paroles. Si demain matin tu ne me dis pas immédiatement ce que j'attends de toi, je te ferai passer quinze jours pendu au plafond avec les mains derrière le dos, et je te ferai donner à manger tant que tu voudras... mais pas à boire.

Il ricana et disparut.

Je me sentis défaillir. Les menottes pendant la nuit ! Cela signifiait que je devais renoncer à mon projet et affronter un nouveau cycle, encore plus terrible, d'interrogatoires-tortures ; ce qui signifiait peut-être aussi l'effondrement de ma résistance nerveuse : parler, trahir.

La douce mort espérée, la « grande libératrice », comme je l'appelais, était-elle donc une inaccessible chimère ? La réalité était différente, et bien plus lourde d'inconnues, de risques, d'horribles souffrances !

Pendant qu'une immense détresse faisait place à la brève euphorie de l'instant précédent, les opérations ordonnées par Spiotta s'accomplissaient.

Quelques minutes après, je me retrouvais dans la position prévue, au fond d'une petite pièce du dernier étage de la fédération fasciste de Gênes, où avait eu lieu l'interrogatoire.

V

Il faisait nuit.

— Chante donc, pauvre con ! m'avait dit, avec un bel accent de sincérité, le planton en me laissant. Moi aussi j'étais avec les rebelles, autrefois, ensuite les autres m'ont pincé, et ils ont commencé à me traiter comme toi. Mais moi j'ai tout dit, et maintenant ils m'ont pris avec eux. Je suis peinard. Si tu parles, toi aussi tu pourras venir avec eux.

Dégoût, pitié, horreur : je ne puis dire ce que j'éprouvais !

Tout à coup il me vient une idée : « Et si j'essayais de libérer mes mains de leurs liens ? »

Le geste fut plus fulgurant que l'idée. Une violente secousse et la main gauche était libre (en vieux conspirateur que j'étais, j'avais disposé mes mains de façon à laisser un certain mou). Maintenant, au tour de la droite : je secoue, je tire, je tourne, je secoue encore, enfin je tire de toutes mes forces, au risque de me briser l'os. Rien.

Sueurs froides ! Renoncer, après avoir presque atteint le but ? Faire marche arrière, vers cette vie, vers ce sinistre lendemain qui m'attendait, quand mon esprit avait déjà entrevu l'au-delà et que la résistance de la chair avait été vaincue ?

A quoi cela avait-il servi que les impératifs de ma conscience aient triomphé de mon corps ? Et j'étais toujours là, pauvre loque à la merci des despotes, qui le lendemain me reprendraient, jouet de leur oisiveté, objet de leurs sévices.

Je me vis pendant quinze jours pendu en l'air, fouetté, brûlé. Et je savais très bien ce qui m'attendait si je ne parlais pas : les bains de poix brûlante, les chambres réfrigérantes, le casque de fer, les décharges électriques ; bref, tout ce que je n'avais pas encore subi.

Une peur panique s'empara de moi : et si je ne résistais pas à tout cela ? Je voyais déjà mes compagnons à leur tour traqués, torturés comme moi, et une interminable série d'arrestations, outre l'insurrection que nous projetions depuis si longtemps peut-être reportée, peut-être même définitivement compromise.

En attendant, la lame de rasoir était là, dans la couture de mon pantalon, à quelques centimètres, attendant seulement d'être prise et me criant que mon salut à moi et celui de tous les autres dépendaient uniquement d'elle.

Et si le planton, en entrant pour les habituels contrôles, me trouvait avec une main libre ? Peut-être appliquerait-il une surveillance telle qu'il me serait impossible de retrouver une seconde occasion. En proie à une profonde tristesse je tentai donc de renfiler ma main dans l'ouverture, mais je n'y arrivais même plus.

Moments d'indicible angoisse ! Seule la force du désespoir me permit de libérer aussi la main droite.

Libre ! La vie et la mort étaient désormais en mon pouvoir.

Ce qui se déroula ensuite passa comme un éclair, mais l'esprit, dans des moments pareils, acquiert une vitalité dont on n'a pas idée.

En une seconde toute ma vie se polarisa sur ma conscience. Mes pensées étaient des concentrés de pensées. Tout ce qui composait mon être était intensément présent.

La lame de rasoir en l'air, entre le pouce et l'index droits, je ne formulais aucune pensée particulière, parce que j'avais besoin de me concentrer sur la totalité de moi-même.

Je communiquais, comme un récepteur, avec tout mon être et la voix (ou la force) qui me parvenait me paraissait monter d'une telle profondeur que je crus un instant que d'autres êtres, d'autres mondes, me l'adressaient.

Si je voulais traduire ce dialogue par des mots, peut-être pourrais-je le reconstruire ainsi :

— Alors, Luciano, tu es prêt ?

— Oui.

— Tu veux vraiment ?

— Oui.

— Alors, vas-y !

— Mon Dieu, pardonne-moi, Toi qui vois pourquoi je le fais !

J'assène un premier coup sur le poignet gauche. Le sang gicle très haut et j'en sens un grand flot sortir de mon cœur.

Je vacille. Je crains de tomber et de faire accourir le planton, alerté par le bruit. Je m'allonge donc par terre pendant que le sang continue de sourdre abondamment de la veine ouverte, et je passe la lame de la main droite à la main gauche.

Celle-ci, à son tour, assène son coup sur le poignet droit, mais le sang n'en sort que faiblement.

Alors, les nerfs détendus, j'arrange mes membres et je me dis :

« Voilà qui est fait ! Pensons à bien mourir, c'est-à-dire à vivre intensément et dignement ces derniers instants. »

Je savais que la fin ne viendrait pas tout de suite.

De ces moments je ne retiens qu'une seule chose : le regret, non pas de mourir, parce que j'ai l'habitude de ne trouver ni beau ni laid ce que j'ai conscience de devoir faire, mais le regret de mourir ainsi, sans pouvoir écrire un ultime message qui dise ce que j'ai souffert ou proclame que, en fin de compte, c'est la voix de la vertu que j'ai entendue le plus fort.

Et malgré cela je ne serais pas un martyr de la liberté mais un « porté disparu », et les miens m'attendraient peut-être pendant des années avant de fermer leur cœur à un espoir tenace.

Je me souviens aussi d'une autre pensée, que je me contenterai de livrer sans commentaires, bien que je la trouve étrange, je l'avoue : une certaine inquiétude pour le corps que je laissais et que mes bourreaux mutileraient, comme promis, avant de l'abandonner Dieu sait où.

Je considérais aussi les vêtements que j'avais sur moi, dont chacun me rappelait quelques souvenirs du passé.

Pendant que ces pensées m'occupaient et qu'une grande paix descendait dans mon cœur, je constatai avec stupeur que le sang avait cessé de couler et que les orifices des veines tranchées étaient obstrués par du sang coagulé.

« C'est le froid, pensai-je. Il me faudrait de l'eau chaude. »

Mais la surprise se transforma en désolation quand je m'aperçus, après avoir tenté à plusieurs reprises de m'arracher le sang figé, que de toute façon le flux avait cessé.

Ce furent des moments de profond désespoir.

J'envisageai aussitôt avec terreur les conséquences de l'incident : soit je ne mourrais pas, et le lendemain on me retrouverait dans des conditions telles qu'on chercherait à me faire parler, et aussi, naturellement, à me faire payer cette tentative manquée, soit... je devais me tuer une seconde fois.

Il n'y avait pas de troisième solution, et ce fut ainsi que, déjà engagé dans une mort que je sentais aussi douce qu'un rêve (la première douceur après le paroxysme de tant de souffrances), je dus de nouveau faire appel à toutes les fibres de ma volonté pour qu'elle me vînt encore une fois en aide.

« Il faut couper plus profond », pensai-je.

Malheureusement, mes mains désormais insensibles n'arrivaient plus à assener le coup avec la force nécessaire. Je m'interrogeai :

« Est-ce que vraiment on n'arrive pas à mourir ? »

Je mis la lame entre mes dents et je sciai, obstinément, un poignet après l'autre, à différents endroits, longuement, tant que je le pus.

Je ne coupais évidemment pas que les veines, car je sentais quelque résistance et j'éprouvais des sortes de décharges électriques dans tout le bras. (Plus tard j'appris qu'il s'agissait de nerfs et de tendons.)

Mais le résultat espéré ne venait pas : le sang n'avait apparemment plus l'intention de sortir.

« *Audaces fortuna juvat*, me dis-je. Maintenant il faut trouver quelque chose d'autre. »

Je repris péniblement la lame entre le bout de mes doigts que je ne sentais plus et, en la serrant convulsivement, je tentai les voies du cœur.

« Là, il suffit d'un tout petit trou, pensai-je. Visons bien entre les côtes. »

Mais l'autre main, malgré tous ses efforts, n'arrivait pas à déboutonner le manteau que j'avais sur moi, ni même à l'arracher, et pendant ce temps je pensais que la petite lame n'était certainement pas capable de traverser l'épaisseur de la lourde étoffe. Peut-être traverserait-elle plus facilement le tissu de mon pantalon ? Mais où trouver dans les jambes des veines en surface ?

Ce fut seulement à ce moment-là que je pensai à la carotide.

Nouveau rappel d'énergies, nouveaux grincements de dents sous la tension de l'effort.

Les doigts, malhabiles et désormais froids, serrent encore la lame, pendant que je fais bien attention qu'elle ne me glisse pas des mains, parce que je ne la retrouverais certainement pas dans le noir, avec ma main désormais insensible : ce qui m'amènerait à rester une fois de plus à mi-chemin entre la vie et la mort.

Le coup part et tombe juste (je note, entre parenthèses, que je dois la vie, non seulement aux circonstances miraculeuses dont je parlerai plus loin, mais à mon ignorance en matière d'anatomie, car je croyais que les carotides se trouvaient au milieu et non des deux côtés de la gorge).

Instantanément je sens que, quand ma poitrine s'élève et s'abaisse pour respirer, l'air passe par l'ouverture que je viens de pratiquer, et non plus par la bouche et le nez.

« J'ai touché quelque chose, ai-je pensé, mais pourquoi est-ce que je ne meurs pas ? Les vaisseaux importants sont certainement encore plus dessous. »

Alors, je frappe coup sur coup.

Celui qui me lit pensera peut-être que j'agissais désormais comme un forcené. Mais non : je peux assurer que je n'ai jamais perdu le contrôle de mes nerfs et que chaque mouvement était accompli en connaissance de cause ; jamais la clarté de conscience ne me fit défaut, même dans les moments qui suivirent.

Je peux même préciser qu'en moi il y avait comme deux personnes distinctes : l'une était l'acteur de la tragédie, acteur dans le sens matériel et psychique du terme, entièrement pris par son rôle, l'autre était un lutin sentencieux qui s'amusait aux évocations mnémoniques les plus invraisemblables et commentait au fur et à mesure tous les gestes et décisions de la première.

Coup sur coup, donc, et maintenant le sang coulait certainement aussi de la gorge, mais pas autant que je l'aurais voulu.

Pendant ce temps mes forces diminuaient et la douleur physique que je ne me rappelle pas avoir sentie dans les premiers instants (peut-être parce que la tension psychique était si forte qu'elle produisait une sorte d'anesthésie totale ou d'hypnose, comme cela se passe, paraît-il, chez les fakirs), cette douleur commençait à se dresser comme un sérieux obstacle, en face de moi qui forcément l'exaspérais ; mais plus que tout, c'était un grand désir de calme, un état inconnu de « nirvana » qui m'envahissait, et les appels à ma volonté devenaient de plus en plus désespérés, pour qu'elle ne cède pas, juste maintenant, mais qu'elle me soutienne jusqu'au bout.

A cause de la fureur des coups, la lame de rasoir s'était-elle déplacée entre mes doigts, peut-être même brisée, ou était-elle carrément tombée dans la blessure que je venais d'ouvrir ? Toujours est-il que je ne la « sentais » plus.

Et là se passa (ce n'est plus moi qui parle, mais les médecins spécialistes qui me virent ensuite) ce qu'on pourrait presque appeler un miracle. En effet, comment ne pas douter que les forces d'un homme normal puissent y suffire ? Je plongeai mes doigts déjà raidis par le froid et la mort dans la blessure, et je tirai, j'arrachai, je disloquai cette entaille pour en faire une déchirure, j'ouvris grand ma gorge pour y faire entrer ma main tout entière, j'attrapai les parties molles que je rencontrais, pendant que tout en moi convergeait vers l'effort de ma main qui allait de plus en plus profond, de plus en plus profond, là où se nichait la mort.

Et mes forces diminuaient, je râlais sans le vouloir, je m'évanouissais, puis je me reprenais d'un seul coup avec un regain d'énergie.

Je ne savais qu'une seule chose, c'était que le planton devait me retrouver mort.

A un certain moment je ressentis une immense sécheresse, comme une brûlure à la gorge, à devenir fou.

Je tendis le cou et avançai les lèvres pour boire dans la mare de sang où je me sentais étendu ; mais quelle ne fut pas ma surprise de trouver dans ma bouche, au lieu d'un liquide, une substance qui avait une certaine consistance et qui ne s'écrasait pratiquement pas. Aujourd'hui encore je ne sais s'il s'agissait de sang promptement coagulé ou de cartilages et de muqueuses que je m'étais arrachés.

Mais ici je dois interrompre un instant le cours du récit pour écouter aussi le lutin sentencieux qui ne se taisait jamais et me conseillait continuellement...

« Non, lâche ce morceau, de toute façon tu n'y arriveras pas. Tu ne vois pas qu'il est solidement planté ? Tire plutôt sur celui-ci... Voilà, bravo, très bien. Mais ne penses-tu pas que tu y arriverais mieux en tournant le doigt comme ça ? D'ailleurs, pourquoi ne travailles-tu pas avec l'ongle ? Dans certains cas ça peut aussi servir, par exemple pour sectionner ce gros tube de caoutchouc résistant que tu sens au fond et qui doit être l'œsophage. Tu devrais passer un doigt par-derrière et tirer : qui sait s'il ne viendra pas lui aussi ?... »

Cela pourrait peut-être intéresser un médecin que je fasse la relation exacte des mouvements effectués, des résistances rencontrées et des sensations éprouvées, puisque ce récit intéressa les chirurgiens qui me soignèrent après mais, par respect pour les lecteurs, je le passerai sous silence.

Je dirai seulement qu'à un certain moment je sentis quelque chose entre mes doigts, dans la cavité que j'avais ouverte en moi, qui ne pouvait être que la lame de rasoir perdue : je tire pour la récupérer et je vois avec étonnement qu'elle s'est incrustée dans la chair. Par la suite les médecins l'ont retrouvée dans une lamelle thyroïdienne, c'est-à-dire dans l'un des deux cartilages qui forment la pomme d'Adam, que j'avais presque réussi à extirper et qui pendillait maintenant à l'extérieur.

Pendant que ma volonté se surpassait dans une suite d'efforts désormais suprêmes, pendant que mon acharnement s'aiguisait dans cette lutte surhumaine entre la vie et la mort, entre moi qui vivais et moi qui ne voulais pas vivre, entre le moi physique qui voulait se sauver et le moi spirituel qui pour se sauver devait se perdre, dans une alternance spasmodique de tensions et de distensions, d'évanouissements et de réveils, de fièvre et de terreur, voilà que la porte grince, un faisceau de lumière frappe le mur auquel j'avais été attaché la veille et aussitôt une voix résonne.

— Le prisonnier s'est évadé !

Très vite la pièce est pleine d'hommes armés et un rayon de lumière m'enveloppe moi aussi, dans un coin, baignant dans un lac de sang.

J'entends des voix excitées, des jurons, des appels. On me heurte avec le pied.

— Il est encore vivant ! Il respire. Mais comment a-t-il bien pu faire ? C'est incroyable. Quel cran quand même !...

Et à moi très fort dans une oreille pour que j'entende :

— Canaille ! tu nous le paieras.

D'autres hommes arrivent, peut-être Spiotta en personne. Je saisis entre autres ce dialogue :

— Et maintenant qu'est-ce qu'on en fait ?

— Achevons-le et faisons-le disparaître.

— Et s'il pouvait encore parler ?

— Mais tu ne vois pas qu'il agonise ?

De temps en temps le faisceau de lumière me cernait, et je recommençais à jouer mon rôle, qui cette fois était... celui du mort. Aussitôt le faisceau de lumière s'éloignait et moi, qui avais toujours la main droite enfoncée dans la gorge, je reprenais en silence mon œuvre de lacération.

Puisqu'il fallait que cette lutte entre la vie et la mort donne la victoire à la meilleure part de moi-même, je cherchais à voler ses dernières chances à la vie.

« Ce sont les ultimes lésions que je peux me faire, pensais-je. Ensuite ou je mourrai ou je redeviendrai un simple objet entre leurs mains. »

Finalement on me prend, on me fait rouler sur une toile de tente et on me décharge dans la fameuse camionnette comme un grand baluchon.

« Où m'emmènent-ils pour m'achever ? » me demandai-je.

Mais mon destin était autre.

C'est un vrai miracle – m'ont dit les médecins – que pendant le trajet vous ne soyez pas mort, étouffé par le sang qui, en jaillissant librement et abondamment, pouvait prendre la voie des poumons !

VI

Ce qui se passa après, je n'en eus que confusément conscience. Je compris tout de suite que j'étais entre les mains des médecins.

Mes impressions furent peu nombreuses. Les voici : un sentiment secret et incontrôlé de soulagement en me retrouvant au milieu de personnes qui ne me voulaient pas de mal et qui se comportaient poliment.

J'étais désormais si sûr de mourir que je n'envisageais même pas que les médecins puissent me sauver.

Parmi les sensations physiques, je me rappelle une impression d'étrange bien-être due à la position confortable dans laquelle j'étais couché.

Aucune douleur locale, mais en revanche un froid très intense aux extrémités, pendant que mon petit lutin sentencieux faisait le malin :

« Quels idiots, ces médecins ! Au lieu de s'acharner à me soigner, ils feraient mieux de me mettre une couverture de laine sur les pieds pour adoucir le moment de mon trépas. »

Visuellement je ne distinguais pas ce qui m'entourait, mais j'étais gêné par une lumière trop forte dans les yeux.

En revanche je saisis quelques phrases avec l'oreille gauche (la droite resta sourde pendant quelque temps à cause des morsures dont j'ai parlé plus haut).

J'entendais une voix féminine qui marmonnait des litanies, et sur mes lèvres, à un certain moment, je sentis le contact froid d'une médaille.

Ensuite j'entendis des prières prononcées par une voix masculine et je reconnus le rituel caractéristique de l'extrême-onction.

Mes gardes du corps racontaient, à leur façon, ce qui s'était passé et demandaient aux médecins s'ils me sauveraient la vie. Les réponses évasives de ces derniers, et plus souvent leur silence, me donnaient l'assurance d'une mort prochaine.

Plus tard, après avoir été libéré et guéri, je fus en état de reconstituer la scène avec l'aide du personnel hospitalier qui en avait été témoin.

J'ai donc appris que, transporté d'abord aux urgences de l'hôpital de San Martino, après qu'on eut découpé mes vêtements sur moi pour éviter tout mouvement qui pût m'être fatal, j'avais été immédiatement soigné, pendant que l'un des soldats qui m'accompagnaient, sans doute ivre, ne voulait à aucun prix renoncer au plaisir de me briser la tête avec la crosse de son fusil et, contraint par ses compagnons à se contenir, se défoulait en faisant des grimaces au prêtre qui était en train de dire ses prières.

Pendant ce temps, quelqu'un demanda s'il fallait me transporter au bloc opératoire pour tenter quelque chose, ou me laisser sur place pour attendre mon décès. En fin de compte, on opta pour la première solution.

Je me rappelle la sensation du trajet sur un chariot roulant sur un sol qui n'était pas carrelé. Ensuite, dans la salle d'opération, une voix un peu nasillarde, que j'appris à reconnaître comme celle du professeur, disant, sans doute à ses assistants :

— Parfait, je vois que vous avez bien chauffé.

(Personnellement je crus que cette phrase était ironique, parce que j'étais glacé jusqu'aux os !)

Ensuite j'ai l'impression d'être conduit dans une chambre. J'entends une voix de Brigades Noires qui dit :

— Attachez-le, autrement il va recommencer !

Et, en effet, on me passe des draps en travers des bras pour m'immobiliser. (Ils ne pouvaient évidemment pas toucher à mes poignets qui n'étaient qu'une seule plaie.)

Je passe ainsi le reste de la nuit, sans une seule pensée, sans la moindre réflexion ; l'unique sensation que j'éprouve est peut-être celle de la présence constante au pied de mon lit de deux sbires, qui gâchent mon bonheur de mourir, et une douleur de plus en plus vive chaque fois que je tente de déglutir.

Le lendemain matin, j'entrevois autour de moi quelques blouses blanches : des médecins et des infirmières. Je sens toujours la présence des plantons, ce qui me procure une réelle douleur physique.

Ceux-ci ont à peine eu le temps de s'apercevoir que j'ai relativement repris conscience (quand le personnel hospitalier, qu'ils craignent plus ou moins, est absent) qu'ils se précipitent sur moi, tantôt pour m'insulter, tantôt pour m'inciter à écrire ce que je ne suis plus capable de dire.

Et alors que mes yeux ne voient toujours pas et que mes poignets atrocement douloureux sont contraints à l'immobilité, je sens qu'on met du papier devant moi et un crayon dans ma main.

Ils voulaient évidemment profiter de l'état de choc dans lequel je me trouvais, et de l'excitation due aux nombreux stupéfiants qu'on m'avait administrés, pour m'arracher quelque aveu.

Moi, je n'avais qu'une seule arme pour me défendre contre ces attaques : « faire le mort », ce qui semblait me réussir, puisque tôt ou tard ils y renonçaient, fût-ce pour se réserver le plaisir de revenir à la charge un instant plus tard.

Cette insistance – à vrai dire jamais accompagnée de coups – caractérisa toute la période que je passai à l'hôpital, surveillé, mais je m'en tiendrai évidemment à ce bref rappel.

Outre les plantons, qui se relayaient régulièrement, j'avais l'impression que ma chambre était souvent pleine de curieux. J'entrouvrais les yeux et je voyais des uniformes, ce qui suffisait à me les faire refermer aussitôt.

Ensuite des commissaires de police, des officiers des Brigades Noires et je ne sais qui d'autre encore, vinrent m'interroger, mais sans résultat.

Un seul interrogatoire mérite que j'y fasse allusion, non qu'il ait été plus fructueux pour eux, mais parce qu'il m'a permis d'exprimer quelque chose.

C'étaient deux officiers médecins pour lesquels je n'éprouvais pas la répulsion, plus physique que morale, que m'inspiraient les autres.

D'après les commentaires qu'ils faisaient entre eux à voix basse, je comprenais qu'ils m'admiraient pour ce que j'avais fait. L'un d'eux avait même les yeux humides.

De mon côté, je ressentais un terrible besoin d'humanité, un désir atroce d'avoir quelqu'un de bon auprès de moi, de mourir avec une main amie sur le front.

Au souvenir de ceux que j'aimais, que j'avais enfoui pendant les jours de grande tension, une dangereuse tentation faillit me faire commettre une grave erreur.

« Pourquoi ne pourrais-je pas mourir avec une pensée de gentillesse dans le cœur ? »

J'avais aussi besoin que la portée de mon geste soit comprise par quelqu'un, fût-ce par mes propres ennemis.

Ils me parlèrent et leurs paroles me touchèrent le cœur. Ils me dirent qu'ils voulaient que j'écrive l'adresse des miens, pas pour leur faire du mal (l'un d'eux me montra sa carte de visite ornée d'une couronne comtale et me le jura à genoux en baisant la croix), mais pour qu'ils puissent leur demander de venir m'assister dans mon agonie, et pour qu'après ma mort ils pourvoient à ma sépulture.

J'avoue que j'eus bien du mal à résister à ces propos tentants, presque autant qu'aux attaques brutales de Spiotta ; en effet, mourir seul et incognito me semblait ce qu'il y avait de plus triste au monde.

Malgré cela je ne donnai aucun nom : ni le mien ni celui des autres, mais je ne sus pas résister au désir brûlant qui me poussait comme un ressort à « exprimer » quelque chose.

C'était l'ultime message que je laissais, et qui sait par quel miracle quelqu'un pourrait le recueillir ?

C'était la formule que je pensais crier devant les fusils braqués du peloton d'exécution ; c'était, sous une forme synthétique, mon testament moral, la clef de voûte des dernières années de ma vie, le prix de la mort que je m'étais donnée.

Je voulus saisir le crayon, mais hélas ! je ne pus le faire à cause du tremblement nerveux qui agitait mes mains ; enfin, après de grands efforts, je réussis à le tenir dans mon poing, comme les enfants leur cuillère, et j'écrivis, en grandes lettres, toutes tordues, en m'appliquant, pendant que les deux médecins me redressaient la tête et suivaient des yeux en frémissant le mouvement irrégulier de ma main : VIVE L'ITALIE.

Puis je retombai sur le dos, vaincu par l'effort et par l'émotion.

Un autre épisode mérite peut-être aussi d'être rapporté.

En partant, les deux médecins militaires avaient promis de m'envoyer un prêtre. Je l'accueillis volontiers, parce que c'était une occasion unique pour éloigner de moi pendant quelques instants les horribles plantons.

Prix de l'affaire : la confession. Je me plie donc à cette formalité quand, tout à coup, il me semble remarquer que le prêtre s'est trompé dans les formules rituelles.

Je suis de plus en plus méfiant ; chacune de ses questions éveille en moi des soupçons : il ne veut pas seulement savoir combien de fois j'ai péché, mais qui je suis, ce que je fais et ce que je pense.

Ma confession fut donc bien étrange : je prononçai (et j'écrivis même) une profession de foi antifasciste, nette, franche, telle que ma conscience me la demandait depuis longtemps et que je comptais ne proférer que sur le point de mourir, mais sans révéler quoi que ce soit qui puisse éventuellement nuire aux autres.

En fait, je restai plutôt dans le vague et j'écrivis que j'étais content de mourir, que j'avais l'impression d'avoir fait mon devoir, que ma pensée était auprès de mes compagnons, de ma famille, de mes amis... jusqu'au moment où le religieux s'en alla avec le message enroulé dans son froc.

Par la suite je sus que c'était un véritable prêtre

et qu'il fut même importuné par mes sbires qui lui demandèrent de violer le secret du sacrement.

Comme mes bourreaux n'avaient rien obtenu de moi, une feuille qui avait servi de support et qui était restée sous celle où j'avais écrit ma confession, reproduisant faiblement les caractères tracés au crayon sur la page du dessus, fut soumise à je ne sais quel examen physique ou chimique permettant la lecture des caractères eux-mêmes, et les résultats ainsi obtenus furent également passés au crible de la pseudo-science graphologique.

Passé la prostration des premiers jours, ma raison avait recommencé à fonctionner normalement et le problème qui s'était posé à moi était celui-ci :

« Et si les médecins réalisaient le miracle et réussissaient à me guérir ? »

Sur le moment ce fut pour moi un doute bien tragique, mais soutenu par le fait que, bon gré mal gré, j'étais toujours en vie.

Cette constatation redoublait mes souffrances morales parce qu'elle me replongeait dans les terreurs que seule la mort pouvait dissiper.

Je me voyais déjà repris, de nouveau tabassé, et je sentais en même temps que je n'aurais plus la force de résister, ni de refaire ce que j'avais déjà tenté.

En revanche il fallait exploiter l'état de gravité dans lequel je me trouvais pour frapper le dernier coup.

En effet, ma vie ne tenait qu'à un fil, il en fallait bien peu pour le briser.

Mais cette volonté tenace de mort qu'alimentait mon esprit s'opposait de plus en plus violemment à cette autre exigence d'ordre physique et naturel qui raccrochait de toutes ses forces mon corps à la vie.

La douleur physique, toujours croissante, le collapsus faisant suite à la tension, jusqu'au constat de l'inanité de mes efforts, constituaient pour moi autant d'éléments de rappel à la vie, vers laquelle je me sentais désormais poussé avec une force désespérée, égale à celle avec laquelle j'avais peu de temps avant cherché la mort : c'est du reste la réaction caractéristique après tout suicide manqué.

Et même mon univers affectif, que j'avais fait taire auparavant, explosait maintenant avec violence. Mystères de l'entité complexe qu'est l'homme !

Jamais je ne ressentis avec autant de force qu'alors le duel entre les exigences immédiates de la chair et l'aspiration réfléchie de l'esprit, qui ne puisait son énergie que dans les plus profonds replis de la conscience.

Une lutte convulsive entre les deux pouvoirs s'alluma alors en moi : l'un voulait que je reprenne des forces pour renouveler le sacrifice, l'autre aspirait à un repos auquel les souffrances traversées lui donnaient quand même droit !

Dans le combat inhumain (le plus terrible que j'aie jamais vécu pendant toute cette complexe aventure, celui qui me coûta le plus grand effort de volonté, et pendant lequel j'eus à dominer une résistance du physique qui ne s'était jamais opposée à moi avec autant de force), l'esprit vainquit, et non seulement j'appelai la mort, mais je la recherchai et je tentai de me la procurer de mes propres mains. Voici comment.

Les plantons veillaient attentivement à ce qu'aucun objet ne se trouvât à portée de ma main. La lumière restait allumée dans ma chambre même la nuit. Et moi, à ce moment-là, je relevais le drap sur mon visage pour qu'ils ne me voient pas, et je retenais mon souffle.

« Les voies respiratoires sont touchées, pensais-je. Il ne doit pas en falloir beaucoup pour mourir étouffé. »

Et je restais comme ça tant que je pouvais, les poumons bloqués par ma volonté, jusqu'à ce que tout mon corps se mette à frémir et que mon cœur me donne l'impression de jaillir par ma bouche ouverte... et que je finisse par céder !

L'esprit ne pouvait rien contre l'instinct de la chair et mon souffle, longuement retenu, explosait. Puis, peu à peu, ma respiration redevenait normale.

Alors je recommençais avec une énergie redoublée.

Et cela pendant plusieurs nuits.

Un autre moyen que j'imaginai, ce fut de faire glisser sur ma poitrine la poche de glace que j'avais sur le front.

« Dans l'état où je suis, une broncho-pneumonie m'emporterait bien vite », pensais-je.

En effet elle se déclara, et je vis arriver l'interne qui, après une radiographie, attribua l'incident à je ne sais quelles infiltrations de sang ou de salive !

Tout arrivait, sauf la mort.

Je tentai aussi de refuser le peu d'aliments liquides que l'on m'administrait au moyen d'une sonde : mourir d'inanition... il en faudrait si peu...

Mais ici je dois introduire un nouveau personnage, qui jouera un très grand rôle dans les événements suivants : c'est Ines, l'infirmière.

Je remarquai tout de suite (les malades sont très sensibles à certains détails) que son comportement à mon égard relevait d'une attention obligeante et non d'une curiosité impudique.

Je l'entendis aussi répondre à voix basse quelques paroles en ma faveur aux vantardises avec lesquelles

les plantons racontaient ce qu'ils m'avaient fait avant que je ne me mette moi-même dans cet état.

Ma confiance en elle devint bien vite une réalité, ce qui est extrêmement étrange car dans cet environnement je doutais de tout et de tous.

Tout aussi étrange la pieuse considération qu'elle m'accorda dès le début, quand je n'étais devant elle qu'un amas de chairs défaites, dont on disait par-dessus le marché (je le sus après), pour que le personnel n'en prenne pas un soin excessif, que c'était un bandit célèbre, avec pas moins de trente et un crimes sur la conscience !

Mais je passe sous silence l'aspect psychologique de l'entente tacite qui s'installa très vite entre Ines et moi pour me contenter de rapporter les effets qu'elle produisit dans le développement de l'aventure.

Avant tout, puisque mon désir était de mourir, je tentais de me faire aider par Ines dans ce projet, que je lui faisais comprendre par signes, quand je le pouvais. Ce duel désespéré dura plusieurs jours : entre moi qui appelais la mort en simulant avec mon doigt une piqûre dans le cœur et elle qui, dans sa simplicité et son ignorance des raisons qui animaient cette requête, cherchait par tous les moyens à me faire reprendre goût à la vie.

Je fis la même requête à un médecin (dont je sus par la suite qu'il était un partisan et qu'il avait été profondément touché par mon aventure, après en avoir été informé par Ines).

Un jour je crus qu'il disait oui avec les yeux. Une seconde après une infirmière entrait avec une seringue déjà prête. Je crus que c'était celle que j'espérais et me préparai pour la énième fois à mourir. On me fait la piqûre, mais après... les minutes passent et je m'aperçois que tout n'était que le fruit d'une hallucination.

Une autre fois je fis signe aux plantons de me laisser écrire quelque chose aux médecins qui venaient de me rendre visite. J'obtins le nécessaire, et la phrase qu'ils purent lire fut la suivante :

« Je suis fatigué de souffrir. Laissez-moi mour... » Mais à ce moment-là une main compatissante arrêta la mienne au milieu du mot.

VII

Mais très vite Ines réalisa le miracle : comment pouvait-on s'enfermer dans ce désir obstiné de mort quand il était si bon de se laisser soigner par ces mains qui savaient presque me faire oublier l'horreur de la présence des Chemises Noires ?

En outre, ne m'avait-elle pas murmuré un jour que le médecin, compatissant, était en train de contacter des partisans en ville pour qu'ils viennent me libérer ?

Dès que l'espoir de la guérison, lié à celui de la liberté, fit son chemin en moi, je fus pris de vertige.

« Oui, être enlevé d'ici, me disais-je, ne fût-ce que pour mourir au milieu de mes amis, loin de ces sales gueules ! »

Ce fut ainsi que le 1er mars Ines reçut mon premier billet – écrit au prix d'indicibles efforts sous mes couvertures avec un matériel qu'elle m'avait elle-même procuré – pour qu'elle le remette à mes amis de l'extérieur (« Celle qui vous apporte ce message est un ange. Vous pouvez avoir confiance en elle... »), lesquels n'apprirent que de cette façon-là dans quelles conditions et à quel endroit je me trouvais. (Le bruit avait couru dans la ville qu'un partisan s'était tranché la gorge pour ne pas parler, et dans ces mêmes journées le CNL[1] régional avait commenté

1. Comité national de libération.

l'événement au cours d'une réunion, mais qui savait qu'il s'agissait de moi ? En revanche la nouvelle de mon arrestation avait été rapportée par l'agent de liaison milanais, dont le courrier avait été intercepté, et qui avait réussi à s'en sortir par miracle.)

D'autres billets suivirent le premier (les uns adressés aux camarades pour leur donner des conseils sur les modalités de l'enlèvement ou les prévenir de quelque danger, les autres au médecin ami pour l'interroger sur la gravité de mes blessures et de leurs conséquences probables – mourrai-je ? ne mourrai-je pas ? resterai-je muet ? retrouverai-je l'usage de mes mains ? –, questions auxquelles il répondait très vaguement, ce qui déclenchait en moi l'inquiétude que l'on peut imaginer). Quant à Ines, elle s'occupait toujours de tout et recueillait avec désinvolture entre les gazes, sous les yeux des plantons, des petits billets qui eussent été catastrophiques si on les avait trouvés sur elle, et qui pouvaient lui valoir la torture et la mort.

Le premier salut que je reçus des camarades de Gênes, transmis verbalement par Ines, me fit un bien immense.

A partir de ce moment-là, dans l'attente de leur intervention, mon séjour à l'hôpital ne fut qu'un crescendo d'intenses émotions.

Entre-temps mon imagination, même altérée par l'usage intensif des stupéfiants auxquels j'avais recours pour calmer la douleur, travaillait à se représenter la scène et s'excitait de plus en plus.

Partant de là, je fis tout pour guérir, car il fallait que mes amis me trouvent rapidement en état de supporter les inconvénients et les émotions d'un transport clandestin, avec le même effort de volonté que celui que j'avais déployé pour mourir.

Cependant je me trouvais de nouveau devant un obstacle contre lequel ma volonté ne suffisait pas, à savoir mon état de santé.

Je respirais au moyen d'un tube d'argent introduit dans la trachée-artère par la blessure toujours ouverte. De ce tube sortaient continuellement les glaires qui se formaient en abondance. J'étais sans arrêt penché sur un haricot dans lequel se déversait la salive, qu'il m'eût été impossible de déglutir. Même la nuit je ne pouvais cesser d'être assis très droit, pour pouvoir respirer : de temps en temps un bouchon quelconque obstruait mes voies respiratoires, provoquant des crises d'asphyxie et d'étouffement qui m'auraient emporté en quelques minutes si ce bouchon n'avait pas été immédiatement enlevé.

J'avais souvent des évanouissements à cause de tout le sang que j'avais perdu et de l'insuffisance de la nourriture qu'on m'administrait. En effet celle-ci consistait uniquement en liquides qui me passaient directement dans l'estomac grâce à un tuyau en caoutchouc, introduit dans le nez pour faire passer dans l'œsophage des mixtures dont je ne sentais évidemment ni la température ni le goût.

Mais ce qui me dérangeait le plus c'était de ne pas pouvoir du tout me servir de mes mains, pas même pour un geste élémentaire comme celui de soulever un verre ou de border une couverture.

Pour chacun de ces mouvements je dépendais donc entièrement du personnel infirmier qui, compte tenu des trente et un homicides cités plus haut, évitait le plus possible de s'approcher de mon lit.

Les médecins eux-mêmes, dont beaucoup, je le sus après, étaient de mon côté, ne pouvaient pas me prêter l'attention voulue pour ne pas alerter les plantons.

Mais je dois revenir à un autre sujet.

Dès les premiers temps de mon séjour à l'hôpital, quand ma chambre était soumise à un perpétuel va-et-vient de curieux ou de provocateurs (se présentant tantôt comme des partisans, tantôt comme des infirmiers) coalisés dans la seule intention de m'arracher les révélations attendues, un jour une dame en blouse blanche, avec des lunettes noires et un air excité, se présenta à moi, puis elle fit glisser sous mes couvertures un billet et tout ce qu'il fallait pour la réponse.

Le billet disait à peu près ceci :

« Je suis un partisan qui veut te délivrer, mais pour le faire, comme je ne connais pas tes liaisons, il faut que tu m'indiques quelqu'un de l'extérieur qui puisse m'aider à organiser le coup. Sergio. »

Moi, naturellement, je ne marchai pas et mon propre billet ne comportait qu'une réponse évasive : je n'avais pas de camarades à l'extérieur.

« Qui pouvait bien vouloir m'aider sans me connaître ? », pensais-je, ne supposant évidemment pas que le geste que j'avais accompli puisse suffire à susciter autant d'intérêt.

En fait, cette femme était justement la doctoresse De Guidi, celle-là même qui, deux mois plus tard, devait effectivement réaliser le coup, et le billet celui d'un de ses cousins qui allait participer lui aussi à l'attaque à main armée.

Quoi qu'il en soit, l'insistance de cette femme fut telle que, par un autre billet, je demandai à mes camarades de prendre les renseignements nécessaires.

Ceux-ci étaient bien faits pour rassurer tout le monde (la signorina De Guidi connaissait la « Maison de l'Etudiant », et pas seulement de nom). Alors, toujours avec l'aide d'Ines, la liaison entre mes camarades et l'intrépide doctoresse, qui militait à cette époque dans une cellule du Parti communiste génois, s'établit enfin.

Cependant, je n'étais tenu au courant de toutes ces démarches que par ma fidèle infirmière, et il faut noter que tous ces échanges de nouvelles se passaient miraculeusement bien entre elle et moi, qui m'exprimais par gestes, sous les yeux des plantons qui ne quittaient la chambre ni le jour ni la nuit.

Mais un incident vint vite interrompre le cours de mes prévisions désormais optimistes.

Un beau jour entrent dans ma chambre deux policiers chargés de transmettre l'ordre du préfet de police de me faire monter immédiatement dans la grande salle commune des détenus.

Mon château s'écroulait ! Le coup projeté ne serait plus réalisable puisque je serais placé avec les autres prisonniers, non plus sous la garde de seulement deux plantons, mais de toute une brigade d'hommes armés.

Pendant un instant j'espérai encore qu'un imprévu empêcherait l'exécution de l'ordre, mais je me préparais déjà à me laisser tomber par la fenêtre pour m'écraser sur l'esplanade qui se trouvait juste au-dessous, évitant ainsi, puisqu'on ne pouvait pas me délivrer, de me retrouver un jour guéri entre les mains de mes persécuteurs. Mais l'imprévu arriva en la personne du professeur qui, immédiatement appelé par la providentielle Ines, s'opposa énergiquement à mon transport, assurant que les conditions dans lesquelles je me trouvais pour le moment ne le permettaient pas.

— Nous attendrons donc qu'il aille mieux, avait répondu le préfet de police, appelé au téléphone.

Et de nouveau un dramatique dilemme venait troubler mon séjour à l'hôpital.

Si j'allais mieux, je serais expédié là-haut.

Si je n'allais pas mieux, les médecins déconseilleraient aux camarades l'exécution de l'enlèvement.

Je compris donc que ma conduite devrait être très mesurée : aller mieux, oui, mais sans que les plantons s'en aperçoivent, eux toujours à l'affût du moindre de mes mouvements, eux qui interrogeaient si souvent les médecins pour connaître leurs prévisions et relataient chaque soir à leurs chefs comment s'était passée la journée.

Les épisodes dignes d'être rapportés seraient innombrables, et certains même assez savoureux, vus avec mes yeux d'aujourd'hui.

Un jour un planton me posa debout au milieu de la pièce et fit mine de me lâcher pour voir si mes jambes pouvaient me soutenir : je fis alors exprès de tomber et il fut convaincu que ce n'était pas encore le moment.

Très souvent, des représentants de la préfecture de police venaient examiner mon état, mais ils me trouvaient immanquablement avec un bout de langue dehors et les yeux écarquillés fixant le vide, comme si j'allais vraiment pousser mon dernier soupir...

Pendant ce temps Ines faisait glisser dans les médicaments un œuf ou un peu de marsala, puisqu'il ne fallait pas oublier l'autre aspect du programme : c'est-à-dire aller effectivement mieux.

C'était, avant tout, une question de synchronisation, puisque les progrès de ma guérison devaient coïncider avec la préparation du coup qui s'élaborait à l'extérieur.

Laquelle, de son côté, d'après ce que j'ai su plus tard, ne marchait pas trop bien, soit à cause des divergences de méthodes préconisées par les différents groupes engagés dans l'entreprise, soit à cause des difficultés concrètes qu'ils rencontraient à chaque pas, parce que les modalités à prévoir étaient trop nombreuses (l'ambulance et qui la conduirait, les armes, les uniformes et les personnes prêtes à s'en servir, le spécialiste qui me soignerait, le dispositif pour entrer dans la chambre sans déclencher l'alarme, car il suffirait d'un coup de feu pour faire accourir les nombreux policiers de l'étage supérieur), et que parfois le seul fait de rater un rendez-vous, une réunion, une liaison ou même une personne obligeait à tout recommencer depuis le commencement, et cela, ceux qui n'ont jamais travaillé dans de telles conditions ne peuvent pas le comprendre !

Si je devais écrire l'histoire des différentes tentatives projetées pour me libérer et établir la liste des personnes et des groupes qui s'en sont occupés, j'en remplirais tout un volume !

Qu'il suffise de rappeler que Milan aussi envoya son « homme », qui fut d'ailleurs l'âme de l'entreprise, et que Turin me porta sur une liste d'échanges (en tête de laquelle figurait le nom de Ferrucio Pari) qui me valut de nombreuses visites de la part des officiers SS, dont je ne pouvais évidemment pas deviner la raison.

Par bonheur, entre les conspirateurs et les médecins régnait une excellente entente (et si elle n'était pas spontanée, les lettres de menaces se chargeaient de la rendre tout aussi active et efficace !).

A un moment donné, les organisateurs du coup constatèrent que le rythme de ma remontée physique gagnait progressivement du terrain par rapport au rythme parallèle des préparatifs de l'extérieur, et qu'il fallait donc faire intervenir quelque force étrangère pour le ralentir.

Ils ne me donnèrent pas pour autant un coup sur la

tête, mais ils eurent recours à une intervention chirurgicale qui n'avait d'autre intérêt que d'empêcher « les autres » de m'emmener avant que l'organisation du coup ne fût achevée.

Pendant ce temps mes conditions psychiques empiraient.

Le premier mois avait été assez mouvementé, avec toutes les péripéties que j'ai rappelées, et à mon esprit se présentaient toujours des perspectives et des circonstances nouvelles que j'avais à peine le temps de suivre ; en outre j'étais encore anéanti par les douleurs physiques que mon état, qui resta très grave pendant toutes les premières semaines, me causait.

En revanche, le second mois enregistrait une amélioration progressive, bien que lente, du point de vue médical, à laquelle semblait au contraire répondre un relâchement de l'activité du dehors.

Ce fut un mois d'angoisses, d'espoirs sans cesse renaissants, d'interminables attentes, de déceptions, d'épouvantes et de ce que j'ai peut-être éprouvé pour la première fois : de désespoir !

Ines avait été adroitement éloignée du service parce que certains craignaient qu'elle ne compromette tout par le zèle excessif avec lequel elle me soignait (raison pour laquelle, à son insu, on lui provoqua une maladie qui l'obligea à quitter son travail). Avec Ines disparaissait la nourriture spéciale qu'elle me procurait en cachette et l'unique soutien moral dont je bénéficiais, sans parler de la liaison matérielle avec les médecins et le monde de mes camarades.

Plus personne ne venait me dire quoi que ce soit dans ma chambre, et j'eus alors l'impression d'être complètement oublié.

Un jour, voulant à tout prix communiquer quelque chose, et n'ayant plus personne pour me procurer le nécessaire, je fus obligé d'écrire mon message télégraphique sur un bandage, en me servant de je ne sais quel objet pointu avec lequel je m'étais fait saigner exprès pour pouvoir le teinter de sang.

Les plantons n'étaient pas toujours gentils, maintenant qu'Ines ne leur fournissait plus la nourriture qu'elle soustrayait à sa propre ration, dans des intentions bien précises.

En revanche les visites des policiers devenaient de plus en plus fréquentes, ce qui me faisait redouter un transfert imminent.

Mais ma plus grande crainte était que, les médecins ne faisant pas mine de leur accorder le transfert, ils ne l'opèrent de force, en me ramenant éventuellement à la caserne pour m'obliger à écrire sous la pression de nouvelles tortures, maintenant que je ne pouvais plus parler ; ou encore que, lassés de l'ennuyeuse surveillance à laquelle ils étaient condamnés, mes plantons ne pensent m'achever eux-mêmes, ne fût-ce que pour en être débarrassés.

Tout me semblait possible dans ces tristes journées d'angoisse, chaque bruit m'alertait, chaque mot me semblait une allusion, chaque geste une menace.

Et les plantons qui s'étaient aperçus de mes idées noires ne manquaient pas de tenter de les exploiter pour me faire écrire, en braquant éventuellement sur moi les armes qu'ils avaient toujours avec eux.

Et c'est ainsi qu'un matin, un coup partit et fit un trou dans le mur. A ce moment-là je sommeillais et mon réveil fut si brusque que le petit bouchon de sucre qui obturait ma sonde œsophagique sauta, entraînant évidemment le rejet du déjeuner liquide que je venais d'ingérer.

Certaines fois, la vague de tristesse qui s'abattait sur moi était telle que je ne pouvais plus retenir mes larmes. Alors je tirais le drap sur mon visage pour que les plantons ne les voient pas et ne s'en réjouissent pas. Où était l'homme qui avait fièrement résisté pendant quinze jours ?

Pendant ce temps, l'avance alliée, qui était au point mort au moment de mon arrestation, avait repris et elle était en train de préparer les derniers coups ; personnellement, je le flairais aux allusions des plantons et au changement de leur comportement à mon égard ; certains d'entre eux s'abaissaient jusqu'à me proposer ouvertement leurs services (avec retour assuré, évidemment...).

Un jour, je réussis même à chiper un journal qu'ils avaient distraitement abandonné, et à le lire par bribes sous mes couvertures (cela me prit plusieurs jours pour le faire car mes yeux ne fonctionnaient pas encore très bien).

De toute façon, pour moi la situation était désormais claire : je savais que la fin de la guerre n'était plus qu'une question de semaines et qu'elle pouvait même se produire d'un moment à l'autre ; mais si, d'un côté je m'en réjouissais pour des raisons d'ordre général auxquelles je n'étais pas insensible, de l'autre je m'en inquiétais, parce que je savais que les plantons avaient reçu l'ordre de m'achever sur place, dès qu'il se passerait quelque chose d'anormal.

N'avaient-ils pas réservé la même fin, à peu de chose près, à Buozzi ? Et Spiotta ne m'avait-il pas déclaré : « Les Anglais viendront, mais moi je te jure que je te liquiderai avant ! »

C'est ainsi que je passais les heures de la nuit, après que la morphine avait cessé de faire effet, les yeux fixés sur la porte et les nerfs tendus, dans l'attente des événements.

Par-dessus le marché, plusieurs fois la doctoresse m'annonça : « Ils viendront tel jour à telle heure. » Vous imaginez mon attente ! Mais le jour et l'heure passaient et je retombais dans le plus noir des marasmes.

J'atteignais le comble de l'agitation quand, la nuit, surpris par quelque bruit suspect, les plantons, qui pressentaient que tôt ou tard mes camarades tenteraient quelque chose pour me libérer, sautaient sur leurs pieds et se cachaient derrière la porte avec leurs armes braquées, prêts à faire feu sur le premier qui entrerait, et moi, pensant à mon tour qu'il s'agissait vraiment de quelqu'un qui venait dans ce but, je me rongeais les sangs devant l'impossibilité de l'avertir qu'il était découvert, et mon cœur s'emplissait d'épouvante à l'idée que quelqu'un allait perdre la vie à cause de moi.

En revanche, pendant les heures du jour, habituellement plus calmes, alors que les plantons sommeillaient, jouaient aux cartes ou regardaient par le balcon le jeu de boules qui se trouvait au-dessous, se faisait sentir de plus en plus fort le besoin de sortir de cette inertie, de risquer à nouveau, de reprendre la partie interrompue. Et ces élans du cœur reposaient toujours sur un épais fond d'inquiétude pour les conditions dans lesquelles j'avais laissé le travail, juste à l'avant-veille de l'insurrection, au moment crucial où j'allais réaliser le programme – que j'avais toujours défendu – du rassemblement des forces partisanes en un seul et même « Corps de volontaires de la liberté ».

En outre, j'éprouvais un grand besoin de culture, de poésie, de civilisation somme toute.

Je me rappelle la satisfaction que je ressentis

quand un jour, tout au début, dans la salle de soins, le professeur décrivit mon traumatisme aux étudiants et en tira le sujet d'une brève leçon.

Mon amour pour la science ne fut jamais aussi vif qu'en cet instant !

« Je sers encore à quelque chose », pensais-je, et j'aurais voulu lui crier :

— Quand je serai mort, gardez mon corps pour vos expériences : si vous saviez comme j'en serais heureux !

C'était mon sens civique qui, à ce moment-là, ne pouvait se manifester autrement.

VIII

Pendant ce temps, les jours passaient. La tombée de la nuit était le moment où j'étais le plus tendu, quand je me disais :

« Ou ils viennent maintenant ou ils ne viendront plus aujourd'hui ! »

Puis, quand j'avais déjà perdu l'espoir :

« Encore un jour de passé ! Espérons demain ! Pourvu qu'il ne m'arrive rien cette nuit ! » Seule la morphine mettait une trêve à cette agitation.

Les jours passaient, et je n'attendais même plus, pour ne pas m'énerver inutilement.

Et justement à ce moment-là (le coup m'avait été annoncé pour la veille, et que son exécution ait raté m'avait particulièrement abattu, peut-être parce que c'était le jour de mon anniversaire), la signorina De Guidi entre, s'approche de moi avec un visage tendu et me murmure :

— Ils sont là.

Je lui fais signe (mes yeux savaient donner des ordres percutants comme des flèches) qu'il y a un billet entre les gazes, sur la table de nuit : je l'avais écrit en pensant que c'était le dernier (en effet, cinq jours plus tard, quand l'insurrection éclata, j'aurais été, selon toute probabilité, achevé sur place), et pourtant ce n'était pas un énième appel à mes camarades pour qu'ils viennent me libérer, comme dans la plupart des billets précédents, mais un adieu et, devrais-je dire, presque un testament politique avec, en particulier, quelques conseils sur ce qui me paraissait le plus urgent à faire en vue de l'imminence de l'insurrection.

Ce message n'est jamais parvenu à mes camarades, puisque je l'ai encore en ma possession.

Le billet en question glisse donc promptement dans la poche de la doctoresse, et un instant après deux jeunes gars baraqués en blouse blanche, avec des yeux cruels et des traits de boxeur, pénètrent dans la chambre.

« Ils vont sans doute faire semblant d'être des infirmiers pour pouvoir me transporter dehors avec de fausses autorisations. »

Pas du tout. Les deux gars vont jusqu'à prétendre qu'ils sont médecins et commencent à m'examiner... mais l'examen est bref !

L'unique planton qui se trouvait là, la cinquantaine environ (l'autre s'éloignait tous les soirs pour aller chercher sa soupe), du reste nullement inquiété par l'apparition de deux médecins qu'il n'avait jamais vus dans le service, n'eut même pas le temps de voir un pistolet braqué sur lui et de s'entendre ordonner « haut les mains ! », qu'un jet d'ammoniaque le frappait au visage.

Désarmé en un éclair, il reçoit sur la tête une bonne dose de coups de crosse de pistolet qui l'étourdissent et lui font perdre pas mal de sang, mais il est toujours conscient et ne cesse de répéter :

— Je ferai tout ce que vous voudrez, mais ne me tuez pas !

C'est à ce moment-là que la signorina De Guidi entre en action, tremblant comme une feuille parce qu'elle doit à son tour se montrer surprise du comportement vraiment peu... médical de ses deux collègues et, sur l'ordre de ceux-ci, décharge dans le cou du planton (il aurait fallu trop de temps pour trouver les fesses) tout le contenu d'une seringue de chloroforme.

Mais, hélas ! l'aiguille se brise et reste plantée dans le cou du malheureux, qu'on attache sur le lit et bâillonne en un éclair.

Pendant ce temps entrent dans la chambre au moins trois hommes des Brigades Noires (ou plus exactement des partisans habillés comme eux) avec leurs mitraillettes braquées et « Pour l'honneur de l'Italie » écrit sur le bras.

Le premier des trois me fait un sourire, parce que j'avais failli avoir une crise d'apoplexie en croyant que c'étaient d'authentiques Brigades Noires.

En revanche le planton, en les voyant, aura cru un instant en la divine Providence... mais sa foi a dû être de courte durée !

Pour commencer j'avais joué le rôle du type qui tombe des nues (si le coup ratait, je ne voulais pas qu'on puisse dire que j'étais au courant), puis, désormais confiant dans le résultat, j'étais tranquillement dans mon lit à regarder la scène en spectateur attentif, me réjouissant du sort réservé au planton, jusqu'au moment où un médecin m'enfile aux pieds des chaussures apportées pour l'occasion (dans sa hâte il confond la gauche et la droite), me fait descendre du lit et, en me portant à moitié, me charge dans l'ascenseur.

Le trajet est bref. L'ascenseur s'arrête.

On sort, on s'aperçoit qu'on est au premier étage et non au rez-de-chaussée : peut-être s'est-on trompé, dans l'affolement, en appuyant sur le bouton, mais aussitôt on pense à une coupure de courant.

On descend à pied par l'escalier.

Je comprends alors, comme un certain général,

que le salut se trouve dans les jambes, et je ne peux vraiment pas me plaindre du service qu'elles me rendirent ce jour-là, alors qu'elles ne me portaient plus depuis deux mois.

A un certain moment, le médecin qui me soutenait, pris par l'atmosphère de « sauve-qui-peut » qui régnait, oublia même de m'aider. Je craignis alors que, dans la confusion générale, le groupe ne file devant et que je n'arrive pas à le suivre, mais cela ne dura qu'un instant.

Quand nous passâmes devant la loge du pavillon, notre cortège ne devait pas manquer de pittoresque !

Devant, la doctoresse, les mains en l'air et les mitraillettes des Brigades Noires braquées sur son dos (elle devait faire figure d'otage), puis les médecins-boxeurs avec le soussigné qui se présentait, de bas en haut, avec des tennis aux pieds, des jambes nues squelettiques et sur la tête, butin de guerre, une couverture dans laquelle je m'enveloppais tant bien que mal pour qu'on ne puisse pas me reconnaître, et qui portait évidemment l'inscription « Hôpital de San Martino ». De cette couverture sortait, à la hauteur du nez, le tuyau de caoutchouc par lequel je recevais la nourriture et qui se dressait comme une trompe, soutenu par un pansement blanc qui faisait le tour de ma tête et s'achevait par un volant.

Mais le portier ne nous vit pas, pour la bonne raison qu'on avait déjà pensé à lui et, curieusement, la grille s'ouvrit à notre passage.

Dans l'ambulance je suis pris d'une envie folle d'embrasser tout le monde, mais ce n'est vraiment pas le moment ; il faut même baisser la tête au-dessous des vitres parce qu'on passe devant la « Maison de l'Etudiant » (seul trajet possible) et que, si l'alarme a été déclenchée à temps à l'hôpital, une salve de mitraillettes pourrait saluer notre passage (comme cela s'était produit, quelque temps auparavant, dans une entreprise du même genre, qui avait fini en boucherie). En attendant je suis transporté dans une maison prévue à cet effet où m'attendent Ines, mes frères et un spécialiste.

Je renonce à décrire l'ivresse de ces premiers moments de liberté !

Mais il est encore un peu tôt pour crier victoire.

Dans toute la ville les recherches s'organisent, et le bruit se répand qu'un partisan s'est évadé de San Martino.

Les barrages de police sont aussitôt informés qu'une voiture doit obligatoirement transporter un blessé. En effet, qui pouvait soupçonner que le blessé en question allait être hébergé dans l'un des plus beaux immeubles du centre de Gênes ?

Pendant ce temps à l'hôpital (où quelqu'un qui avait entrevu le cortège pensait que j'avais été embarqué abusivement par les Brigades Noires et me voyait déjà mort), les recherches n'épargnent aucun recoin, aucune personne : les gifles volent et quelques médecins vont prendre ma place dans la chambre de sûreté de la via Monticelli.

On pense à me cacher dans un lieu plus sûr, mais mon état physique ne le permet pas. En effet, l'exaltation a été suivie d'un collapsus (un sanglot convulsif me tient éveillé toute la nuit) et j'éprouve un malaise général nouveau, sans doute dû au manque brutal de morphine, que j'avais pris l'habitude de recevoir en doses importantes.

Et puis, comment me remettre en route avec ce terrible tuyau de caoutchouc enfilé dans le nez ?

On se préparait, en cas de perquisition de l'immeuble, à faire disparaître promptement les traces du délit (c'est-à-dire les personnes incriminées et les médecins) dans les appartements du dessus, à moitié détruits par les bombardements.

De toute façon, la gaieté ne manqua pas et elle atteignit son comble quand des amis de l'hôpital nous décrivirent la scène du planton qui s'était éloigné un moment pour aller chercher sa soupe, et qui revient tranquillement avec ses deux gamelles sous le bras, entre dans une chambre paisible en croyant y trouver le blessé habituel et découvre au contraire... son camarade sans connaissance, ligoté sur le lit, la tête cabossée et les yeux exorbités à cause de l'ammoniaque !

Le lendemain, un messager part à bicyclette pour Milan, afin de communiquer aux camarades que « la colombe a pris son envol », et informer progressivement mes parents, qui me croyaient encore tranquillement en Suisse.

Mais ma situation de clandestin ne devait pas durer longtemps.

Dans la nuit du 23, nous entendons coup de feu sur coup de feu. Nous devinons, sans oser y croire.

Le lendemain matin, Gênes est libre, et je baise en pleurant le premier journal de la liberté.

Ensuite, mes camarades viennent en procession embrasser le ressuscité et le soir on arrose l'événement : on verse même symboliquement un peu de champagne dans mon tube de caoutchouc.

Je n'en sens pas le goût, c'est vrai, mais pouvais-je manquer au « rite » attendu depuis des années ?

Et ce toast m'en rappelle un autre, quatre mois plus tard, avec lequel les compagnons génois – à qui je dois de pouvoir encore me considérer comme vivant – ont voulu fêter ma sortie définitive de l'hôpital et saluer mon départ pour Milan, avec un « au revoir » que je n'ai pas oublié.

IMPRIMÉ EN FRANCE PAR BRODARD ET TAUPIN
1716X - La Flèche (Sarthe)
N° d'édition : 3103
Dépôt légal : février 2000